专用于体育行业国家职业资格认证

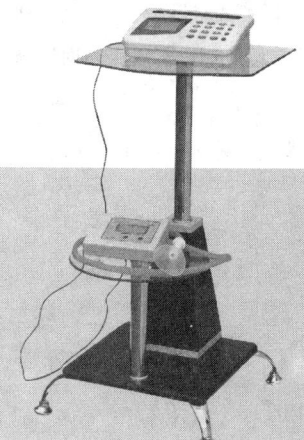

体育场地工国家职业资格培训教材

Tiyu Changdigong

体育场地工

(技师、高级技师技能篇)

国家体育总局职业技能鉴定指导中心　组编

高等教育出版社·北京
HIGHER EDUCATION PRESS　BEIJING

内容提要

本书根据国家职业资格证书制度相关要求以及《体育场地工国家职业标准》对体育场地工的能力要求编写而成。全书分为技师技能、高级技师技能两个部分，按职业功能分模块展开，突出新知识、新技术、新工艺，充分反映了体育场地工的岗位需求。共有十章，包括场地保洁标准化管理及维护方案，体育活动的器材布置方案，专用设备操作规程，高级体育场地工培训指导与监督管理，技术研究与改造，体育场地设计施工图识读及维护方案，器材配置与维护，制定设备管理方案，技师培训指导与监督管理，技术研究与改造。每章均有学习目标、知识要点、名词解释、思考题等内容，便于学习。

本书既能满足体育场地工职业技能培训需要，同时也可作为高等体育院校和高等学校体育专业相关课程的教学参考书。

图书在版编目(CIP)数据

体育场地工.技师、高级技师技能篇/国家体育总局职业技能鉴定指导中心组编.—北京:高等教育出版社,(2011.5重印)
ISBN 978-7-04-027626-8

I.①体… II.①国… III.①场地(体育)—管理—高等学校—教材 IV.①G818

中国版本图书馆 CIP 数据核字(2010)第 057175 号

策划编辑	曹京华	责任编辑	王冰怿	封面设计	韩璐儿
版式设计	宋新士	责任校对	庄伟亮	责任印制	尤 静

出版发行	高等教育出版社	咨询电话	400-810-0598
社　　址	北京市西城区德外大街4号	网　　址	http://www.hep.edu.cn
邮政编码	100120		http://www.hep.com.cn
印　　刷	潮河印业有限公司	网上订购	http://www.landraco.com
开　　本	787×960　1/16		http://www.landraco.com.cn
印　　张	10	版　　次	2010年5月第1版
字　　数	192 000	印　　次	2011年5月第2次印刷
购书热线	010-58581118	定　　价	18.00元

本书如有缺页、倒页、脱页等质量问题，请到所购图书销售部门联系调换。

版权所有　侵权必究

物料号　27626-00

审委会名单

主　任　倪会忠
副主任　李业武　翁家忍　陈恩堂
委　员（按姓氏笔画排列）
　　　　丁涛　马启旺　田志宏　韩朝勤　魏　来

编委会名单

主　编　王正伦
副主编　王　进　董经生
成　员（按姓氏笔画排列）
　　　　王爱丰　刘春玉　李　丹　李　江　李勇勤
　　　　张　虞　张学为　陈恩玉　范素萍　胡小保
　　　　赵　琦　赵玉玲　蒋明君　谭燕秋

前 言 PREFACE

体育场馆设施是体育事业发展的重要基础资源。自新中国成立、特别是改革开放以来，我国体育场馆数量逐年增长，据统计，我国各类体育场馆目前已超过100万个。随着越来越多的现代化体育场馆遍及全国城乡，如何管好、用好这些体育场馆，成为新时期体育事业发展的一个重大课题。体育场地工是管理和使用体育场地、设施资源的一支重要的专业人才队伍，也是人民群众享有安全健身服务的重要保证。为此，国家体育总局早在2005年已申请将体育场地工纳入《国家职业大典》，使体育场地工成为首批体育行业的特有职业。

为适应新时期、新形势对体育场馆从业人员提出的新要求，规范体育场馆从业人员的素质，更加科学、有效地发挥体育场地、设施资源在体育事业发展中的重要基础作用，国家体育总局组织有关专家编制了《体育场地工国家职业标准》（以下简称《标准》），在体育场馆从业人员中推行国家职业资格证书制度。同时，为规范体育场地工职业技能培训活动，国家体育总局职业技能鉴定指导中心组织《标准》研制的原班人马编写了系列体育场地工国家职业资格培训教材。

本套教材是以《标准》为依据编写而成的，充分反映了体育场地工的岗位需求，突出新知识、新技术、新工艺，力求体现"以职业活动为导向，以职业技能为核心"的指导思想。在结构上，针对体育场地工职业活动的领域，按照模块化的方式，分为初级、中级、高级、技师、高级技师5个级别进行编写。"基础理论篇"对应的是《标准》的"基本要求"，即每个等级都必须掌握的通用知识；"技能篇"对应的是《标准》的"职业功能"和"工作内容"。每章均有学习目标、知识要点、名词解释、思考题等内容；各分册教材按照职业功能分模块展开，等级衔接紧凑，内容足量适用，贴近体育场地工工作实际。本套教材既能满足体育

场地工职业技能培训需要，同时也可作为高等体育院校和高等学校体育专业相关课程教学参考书。

  本套教材由南京体育学院副院长王正伦教授担任主编并负责全书统稿，王进、董经生担任副主编，其中基础理论篇参编作者为：第一章，李江；第二章，赵玉玲；第三章，赵琦、王正伦；第四章，陈恩玉；第五章，谭燕秋；第六章，陈恩玉；第七章，李江。技能篇参编作者为场地篇，董经生、张虞、李勇勤、王进、刘春玉、蒋明君；器材篇，王进、张虞、董经生、刘春玉、蒋明君；设备篇，李丹、胡小保、张学为；培训与指导篇，范素萍；技术研究与改造篇，王进、王正伦、王爱丰。

  刘屯、吉伟东、丁涛、魏来、陈融、赵立、汤启宇、韩朝勤、周士虎、徐融等人为教材的编写提出了很多宝贵意见，在此深表谢意！

  编写组力求将最新的场地标准和相关技术写进教材，但社会对体育运动的需求日新月异，体育活动形式多样，体育场馆种类繁多，对体育场地工的技术技能要求越来越高，要想在一套教材里覆盖所有的变化几乎是一种奢望；同时，又囿于能力，不足之处在所难免，恳请读者提出宝贵意见，以便再版修正。

编写组
2009 年 12 月

目 录 CONTENTS

第一部分　技师技能

第一章　场地保洁标准化管理及维护方案　/2
　　第一节　场地保洁的标准化管理　/2
　　第二节　综合性体育活动的场地布置　/15
　　第三节　场地维护方案的制定　/27
第二章　体育活动的器材布置方案　/44
　　第一节　器材布置方案的制定与疑难问题的解决　/44
　　第二节　器材的评估　/47
　　第三节　建立器材数据库　/50
第三章　专用设备操作规程　/52
　　第一节　专用设备的选型及安全操作规程的制定　/52
　　第二节　公共设备安全操作规程和使用方案的制定　/63
第四章　高级体育场地工培训指导与监督管理　/66
　　第一节　高级体育场地工培训和指导　/66
　　第二节　体育场地工岗位职责的监督与管理　/72
第五章　技术研究与改造　/76
　　第一节　专业技术文献、资料收集和分析　/76
　　第二节　场地、器材和设备技术改造与合理化建议　/90

第二部分　高级技师技能

第六章　体育场地设计施工图识读及维护方案　/98
　　第一节　识读体育场地设计施工图　/98
　　第二节　体育场地的功能与设计　/105
　　第三节　新建场地验收的标准与方法　/109
　　第四节　场地大修或综合维护方案的制定　/112

第七章　器材配置与维护　/116
　　第一节　器材配置　/116
　　第二节　制定器材维护和预算方案　/118

第八章　制定设备管理方案　/121
　　第一节　专用设备的管理　/121
　　第二节　公共设备的管理　/124

第九章　技师培训指导与监督管理　/126
　　第一节　技师的培训与指导　/126
　　第二节　体育场地工技术规范的制定　/132

第十章　技术研究与改造　/139
　　第一节　专业技术总结的撰写　/139
　　第二节　场地、器材和设备的技术改造与推广　/145

参考阅读　/149

第一部分
技师技能

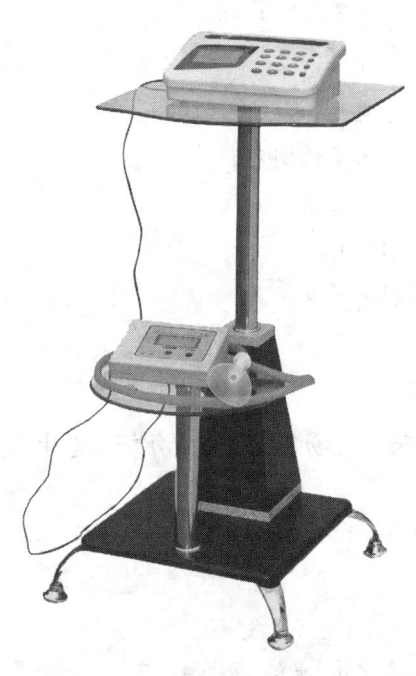

第一章　场地保洁标准化管理及维护方案

【学习目标】
1. 能够制定并实施场地保洁标准化管理方案。
2. 能够解决场地保洁中的疑难问题。
3. 能够解决场地布置中的疑难问题。
4. 了解常用场地维护方案和维护材料预算方法。

【知识要点】
1. 保洁标准化管理的有关知识。
2. 保洁工具和药剂使用方案的制定。
3. 综合性体育场地布置的要求和方法。
4. 场地布置应急处置预案的制定。
5. 常用场地维护方案的制定方法。
6. 维护材料的预算方法。

第一节　场地保洁的标准化管理

一、相关知识

（一）场地保洁标准化管理的有关知识

1. 场地保洁标准化管理的作用和意义

（1）场地保洁的作用

① 提高活动人员的健康水平：体育场馆是运动训练和群众健身的场所，来此训练、活动的人们都希望通过训练或活动提高运动和健康水平。健康的运动必须有良好的环境保障，良好的场地卫生环境有助于提高训练、健身人员的健康，提高他们对训练、健身的兴趣和效果。

② 维护消费者合法权益：进入体育场地运动健身大多数是消费者。当他们付费进场后，与体育场馆构成了消费合同关系，有权享受体育场馆为其提供安全、卫生、舒适服务的权利。为消费者提供清洁卫生的活动场地是体育场馆的责任和义务。

③ 提高场馆的自身形象：体育场馆的吸引力不仅在于它的规模和设施，更在于它的特色和服务质量。场地是运动消费者活动的主要场所，安全、清洁、舒适的场地是反映场馆服务质量的重要环节，也是吸引消费者的重要方面。

（2）场地保洁的意义

① 体育服务标准化的标志之一：体育服务标准包括体育场所开放条件及技术要求，以及与体育服务相关的国家标准。卫生和环境等技术指标是体育服务标准的重要组成部分，它涉及体育服务卫生标准和体育服务环境保护标准。在已颁布的体育服务标准GB19079（体育场所开放条件与技术要求）、GB/18266（体育场所等级划分）、GB/T15624.1-2003（服务标准化服务指南）中，对体育场地的卫生设施和卫生管理要求作出了明确、具体的规范。因此，场地保洁标准化管理是实现体育服务标准化的一项重要措施。

② 维护卫生法规的重要手段：国家为维护人民群众的身体健康对公共场所的卫生管理有着具体的规定和要求，如GB9667（游泳场所卫生标准）、GB9668（体育馆卫生标准）、GB/T17093（室内空气中细菌总数卫生标准）等。体育场地的卫生管理应遵守、维护国家卫生法律、法规，为人民群众提供健康的服务。

③ 推动场馆可持续发展的必要条件：目前，人民群众对体育运动、休闲、健身的需求越来越大，体育场馆经营的竞争也越来越激烈。体育场馆自身的管理，包括体育场地的卫生管理是提高竞争力、推动场馆可持续发展的必要条件。

2. 场地保洁标准化管理的分类

（1）预防性保洁管理

指在体育场馆的规划、设计、建设、营运过程中对卫生保洁设施、质量的审查、评价和管理，以达到保护环境、控制污染、增强人民体质、保证人民健康的目的，是以预防为主的最积极、最有效、最基本的保洁管理。

（2）经常性保洁管理

定期、不定期地对场地保洁情况进行检查、监督、指导的管理活动是保洁工作的过程管理，也是维护和提高保洁质量必不可少的重要手段。

3. 场地保洁标准化管理的依据

（1）卫生法

卫生法是国家制定认可并由国家强制执行保证实施的，用以调整政府为保护公民身体健康，在各种社会卫生活动中形成的各种社会关系的总和，是国家法律体系中的一个组成部分。卫生法有狭义和广义之分。狭义的卫生法是指全国人民代表大会及其常务委员会制定的各种卫生法律；广义的卫生法不仅包括狭义的卫生法，还包括其他国家机关制定颁布的从属于卫生法律的各项规章、条例等。

（2）卫生标准

卫生标准是国家重要的技术规范，是卫生行政执法进行公共卫生监督重要的技术依据。

4. 保洁工作应遵循的原则

（1）遵守、维护卫生法律、法规和服务标准的原则

国家的卫生法律、法规和卫生标准是强制执行的，只有积极主动地遵守与维护法律、法规，执行卫生标准，政府和群众才能保护、支持体育场馆的合法经营。

（2）实行保洁管理标准化原则

体育场地的保洁必须实行标准化，将保洁任务细化到每一个环节并制定可以量化监督的标准，制定具体的保障措施和各项规章制度，规范操作、管理的行为。

（3）满足体育消费者卫生需求的原则

场地保洁工作成功与否的一个关键因素就是入场活动的体育消费者的满意程度。卫生服务有着一次性和不可修复性的特点，消费者的一次不满意也许决定了他是否再次接受服务。所以，场地保洁工作必须做到服务好每一天、每一时、每一处、每一人，满足体育消费者的卫生需求。

5. 场地保洁标准化管理的内容

场地保洁标准化管理的内容应包括保洁目标的确定、保洁模式的选择、卫生标准的制定、保洁规章制度的建立、保洁运营成本的核算、保洁运营过程的组织与监督、保洁工作的评估与总结。

（1）保洁目标的确定

根据场地的条件、任务和运营目标来确定场地保洁的目标。保洁目标的确定必须实事求是，从遵守相关法律、法规和满足广大体育消费者需求的角度出发，

从完成体育场地面临的实际任务出发，结合运营目标制定出切实可行的保洁目标。

（2）保洁模式的选择

① 自管式：不同的体育场地，按其性质和规模，由上级主管部门划拨一定的经费和编制，由体育场地自己组织管理队伍进行卫生保洁管理的模式。

② 委托式：不同的体育场地，按其性质和规模，采用不同的筹资渠道（划拨、自筹或划拨与自筹相结合），委托有资质的物业公司进行卫生保洁管理的模式。

③ 两种保洁管理模式的比较：

A. 从管理理念上看，委托式是公共场所卫生保洁管理的发展趋势。自管式容易受到体制等因素的影响，管理结构不合理，员工的工作热情容易受到限制，管理效率和管理水平相对低下。

B. 从专业设备、技术和经验上看，专业体育场地保洁公司的工具设备全，技术力量强，保洁经验丰富。自管体育场地的专业技术人才虽多，并且具有一定的场地保障经验，但受限于体制、设备等因素，往往不能得到充分发挥。

C. 从成本核算上看，委托式体育场地保洁的费用高于自管式，但成本的结构更合理，保洁效果更好。自管式成本虽然低于委托式，但人头费等成本所占的比重过大，限制了保洁效率的提高。

由此可见，有一定规模和经济能力的体育场地，进行委托式保洁管理是提高保洁品质、提升场地保洁效率的重要手段和发展趋势。在体育比赛和活动等场地保洁服务中，应充分发挥体育场地工专业技术的应用、指导和监督作用。

（3）卫生标准的制定

卫生标准应根据体育场地的特点来制定，主要有以下几个方面。

① 场地：

A. 表面"四无"，即无积尘、无杂物、无污渍、无丢弃物。

B. 四个"适度"，即干湿适度、滑涩适度、通风适度、消毒适度。

② 室内：

A. 地面"四无"，即无积尘、无杂物、无污渍、无丢弃物。

B. 墙面"四无"，即无污迹、无积尘、无贴画、无剥落。

C. 屋顶"四无"，即无积尘、无吊灰、无蛛网、无破损。

③ 卫生间"四无"，即无污垢、无异味、无积粪、无积水。

④ 门窗"四无"，即无破损、无积尘、无印迹、无乱贴。

⑤ 环境：

A. 路面"四无",即无丢弃物、无积水、无堆积、无腐叶。
B. 绿地"四无",即无丢弃物、无杂草、无积水、无毁损。
⑥ 停车场"四无",即无乱停乱放、无混停混放、无占道停放、无挤占绿地。
⑦ 室外设施"四无",即无破损、无锈蚀、无抛荒、无死角。
⑧ 活动中的保洁要求:
A. 重点区域定人定点,随时清理。如比赛场地、主席台、卫生间、贵宾接待室、记者工作室等重要的功能区域。
B. 流动岗位巡回保洁。对场地出入口、主要通道等安排流动保洁员,随时清理。

(4) 规章制度的建立

卫生制度的建立、健全要与场地卫生管理的实际相结合,既要全面、细致,又要具备可操作性。

① 场地卫生保洁管理细则

根据管理目标,将场地卫生保洁任务进行分解,细化管理环节和管理要求,做到每一项工作、每一个环节都有量化指标可对照。

② 场地卫生管理规定

根据场地的使用性质,制定场地卫生管理规定,规范场地管理者和活动者的卫生行为。如游泳馆卫生管理规定等。

③ 场地工个人卫生管理规定

约束从事场地工作服务人员卫生行为的一项个人卫生制度,涉及游泳等项目服务的人员必须按规定领取"健康证",并定期进行体检。

④ 体育消费者满意度调研和分析制度

定期组织对体育消费者卫生满意度调研,了解消费者的实际需要、意见和建议,并分类分析,提出改进意见。

⑤ 场地垃圾处理管理规定

对场地垃圾收集、定点袋装堆放、日产日清等行为进行规范。

⑥ 场地保洁检查评比制度

定期对场地卫生保洁工作进行检查评比,及时发现和解决问题。建立激励机制,奖勤罚懒。

⑦ 消毒、灭害药品管理制度

对消毒、灭害药品的采购、保管、领用、销毁等行为进行规范,防止意外中毒事故发生。

⑧ 病媒生物防治措施

对除"四害"等病媒生物的防治做出具体规定。

⑨ 体育场馆防止突发性公共卫生事件的应急处置预案

应对可能发生的突发公共卫生事件设计应急处置预案（参照国务院颁布的《国家突发公共事件总体应急预案》）。

（5）运营过程的组织与监督

保洁工作的专业化管理主要体现在运营过程中，包括以下方面：

① 建立保洁管理机构

体育场馆应设置场地保洁的职能部门，明确责任范围和管理目标。

② 对员工进行专业技能培训

职能部门应对员工进行专业技能培训，提高他们的专业知识和操作能力。要着力培养保洁技术骨干，创造条件，发挥他们的聪明才智和经验。

③ 健全保洁管理制度

按照场地的实际情况和管理目标制定各项管理制度，实行制度化管理。

④ 专业保洁设备、工具等用品的配备

按照场地保洁的专业化要求制定保洁工具和药剂的使用方案，配备必备的保洁设备、工具等用品。

⑤ 落实保洁经费

将保洁经费纳入运营成本，做到有计划、有保障、有监督。

⑥ 保洁过程中的监督与管理

在保洁过程中，及时发现工作中出现的问题并进行纠正与指导，适时开展常规性或专题性的卫生检查、评比活动，解决工作中出现的疑难问题。

（6）保洁工作的评估与总结

对保洁工作进行阶段性的评估与总结，及时向主管领导报告保洁工作的实际情况和面临的问题，为进一步提高保洁工作的水平献计献策。

（二）保洁工具和保洁药剂使用方案的制定方法

1. 根据场地的规模和功能制订方案

保洁工具和保洁药剂使用方案的制定要结合场地的规模和功能，综合性体育中心在保洁工具和保洁药剂使用的数量及种类上与单一项目的场地相比有着较大的区别,游泳场地与球类场地相比也有很大的不同。所以,方案的制定要切合实际,有针对性。

2. 根据保洁任务和目标制定方案

保洁工具和保洁药剂使用方案的制定要在明确保洁任务和目标的基础上进行,物业化管理目标与一般性管理目标在成本上存在较大的差异。管理目标的高低与保洁成本成正比。

3. 合理预算,控制总量

保洁工具和保洁药剂使用方案的制定必须在合理预算、控制总量的基础上进行。保洁工具和保洁药剂名目繁多,在选择上要注重实用和节省的原则,提高预算可信度,以此来控制保洁经费的总量。一般来讲,保洁工具和保洁药剂经费占保洁经费总量的 20%~30%。

二、操作技能

(一)保洁工作标准化管理的运行

1. 标准化管理内容的编制

(1)编制方案

对保洁管理目标、运转模式、运行方法、经费来源等进行编制,提出切实可行的方案。

(2)编制标准(表1-1)

对保洁任务进行分解、细化、量化,提出完成任务的标准和要求。

表1-1 某场地保洁工作要求及检查标准(部分)

工作内容	工作要求	检查标准	检查方法
场馆大门	门框每日擦拭2次,玻璃擦拭4次,把手每日擦拭、消毒4次	"四无":无张贴、无污迹、无痕印,门框无灰尘	每日检查2次并查看擦拭次数记录
场地过道	每日2次过水(至少一次加消毒剂),每30分钟巡查1次	"四无":无积尘、无杂物、无污渍、无丢弃物	每日检查4次并查看清扫次数记录
场地表面	地板每日2次过油,场地周边每日2次过水,每40分钟巡查1次	"四无":无积尘、无杂物、无污渍、无丢弃物	每日检查4次并查看清扫次数记录

续表

工作内容	工作要求	检查标准	检查方法
卫生间	便池、马桶每日2次涮洗（加消毒剂），纸篓每日4次更换，地面等每60分钟巡查、处理1次	"四无"：便池、马桶无污垢、无异味、无积粪，地面无积水	每日至少检查6次并查看清扫次数记录

（3）编制成本

对保洁成本进行预算和核算，按保洁进程控制经费。

（4）编制措施

提出保证任务完成的组织计划与监督措施。

2. 标准化管理的运行

（1）准备阶段

① 搜集资料：搜集并熟悉保洁区域场地、建筑、环境、设备等详细资料，使之文字化、图表化、数字化，以便于保洁管理。

② 分析任务及目标：对保洁管理目标、运转模式、运行方法进行分析、理解，根据任务、标准和要求制定保洁流程和实施方法。

③ 建立保洁管理机构：根据任务建立保洁管理机构，明确项目负责人。

④ 健全保洁管理制度：制定完成任务的各种规章制度。

⑤ 制定保洁成本预算：包括保洁人员的工资和福利，保洁工具和药剂，劳动保护用品，维修保养经费，政策性支出，不可预见费用等。

（2）实施阶段

① 组织、培训保洁队伍：确定项目主任（班、组长等负责人），选聘场地工（保洁员）并对他们进行与本场地有关的操作技能、工作要求等培训，根据培训结果择优录用。

② 岗位划分与人员配置：将保洁任务分解、细化，按需要划分为若干个岗位；根据岗位任务的工作量与目标要求合理配置岗位人员。

③ 检查与监督：按保洁标准和工作要求对场地保洁进行定期、不定期的检查和监督，及时指出和纠正场地保洁中的问题。对检查情况要有记录、有处理、有通报，使场地保洁按计划稳步运行。

④ 解决疑难问题和突发事件：提出场地保洁过程中疑难问题的解决方案，制定场地保洁中的突发事件的预案。

(3) 核算与总结

场地保洁工作阶段性结束后，应对保洁成本进行核算，编制核算清单，准确反映保洁工作的收支明细。对阶段性保洁工作进行总结，概括成功经验，查找不足之处，上报主管部门。

(4) 操作实例

① 某体育场地年度保洁预算书

A. 员工工资及福利：79 872 元

a. 项目主任：1 200 元×1（人）×12（个月）=14 400 元

b. 保洁员：720 元×5（人）×12（个月）=43 200 元（按某市最低工资标准）

c. 福利费：57 600 元×17.5%=10 080 元（用于法定节假日加班、夜班等）

d. 养老金：15 845 元（按某市劳动部门规定的平均工资 1 048 元/月的 21% 计算）

e. 服装费：200 元×6(人)=1 200 元

f. 劳保费：100 元×6（人）=600 元

g. 办公费：50 元×12（个月）=600 元

B. 保洁用品：21 888 元（表 1-2）

表 1-2 某体育场地年度保洁用品预算

品名	使用标准	数量	单价（元）	小计（元）
拖把	3 把/10 天	36	4	1 152
抹布	3 条/10 天	36	2.5	720
洗衣粉	1 包/10 天	36	3	864
洁瓷精	300 包/年		3	900
玻璃擦	1 把/月	12	15	1 440
地推	1 把/月	12	40	3 840
肥皂	1 块/月	12	1.5	144
胶靴	1 双/2 年	0.5	30	120
塑料桶（盆）	1 只/15 天	24	20	3 840
簸箕	1 只/月	12	5	480
塑料扫把	1 把/10 天	36	3.5	1 008
地刷	100 个/年		3	300

续表

品名	使用标准	数量	单价（元）	小计（元）
鸡毛掸	1 把/月	12	5	480
卫生球	50 袋/年		9	450
塑料纸篓	200 个/年		3	600
垃圾袋	小 20 000 个/年		0.05	1 000
	大 5 000 个/年		0.2	1 000
杀虫剂	30 瓶/年		30	900
塑料水管	100 米/年		150	150
不锈钢垃圾桶	20 个/2 年		100	1 000
塑料垃圾桶	50 个/年		30	1 500
小计				21 888

C. 其他费用：4 600 元（表 1-3）

表 1-3　某体育场地年度的其他费用预算　　　　　　　　（单位：元）

费用项目	费用明细
垃圾处理费	600
设备维修费	2 000
不可预计费	2 000
小计	4 600

D. 年度保洁经费预算：总额 106 360 元

② 某网球场地防洪保洁预案

A. 负责人：×××

B. 抢险队员：若干

C. 任务：一旦场地遭遇洪水袭击，迅速组织抵御水患，最大限度地减少场地污染和损坏，最短时间内恢复场地使用。

D. 工具准备：塑料桶 5 只，塑料盆 5 个，铁锹 2 把，2 根 50 米的水管，推水器 2 台，干湿两用吸尘器 2 台，高压水枪 2 台，拖把 5 个，组合工具 1 套，垃圾收集袋若干。

E. 材料准备：沙包 200 个，用于阻挡和减缓洪水的正面袭击。

F. 措施

a. 指定×××为抗洪联络员,每天负责收听天气预报,与上级抗洪组织保持联系,迅速传达上级指示。

b. 汛期内抢险队员原地待命,保持通信畅通,不得请假外出。

c. 场地派专人昼夜值班,一旦出现险情立刻通报,抢险队员应迅速到达现场开展抢险工作。

d. 水情一旦退去,立即召集人员对场地进行突击清理,清除垃圾,冲、涮、推、拖、吸,确保场地在最短的时间内恢复使用。

e. 将防洪抢险、保洁处理结果上报。

(二) 保洁工具和药剂的鉴别

1. 材料鉴别

(1) 外观鉴别

① 颜色鉴别:按照材料的自然性状对其颜色进行鉴别,分析颜色深浅的原因。

② 浑浊度鉴别:观察液体材料的浑浊度是否符合要求,看有无杂质或沉淀物。

(2) 成分比对

对统一用途、不同材质材料的成分进行比较,选择环保、实用的优质产品。

(3) 抽样实验

对材料进行抽样实验,根据实验效果确定材料的优劣。

(4) 几种清洁类药剂的鉴别(表1-4、表1-5、表1-6、表1-7)

表1-4 除蜡水、除油剂

项目	鉴别标准
透明度	透明液体,不分层
色泽	无色
气味	无异味
稳定性	2℃~5℃放置24h 无结晶,无沉淀
黏度(25℃)mPa·s	≤10
pH	13~14

表 1-5 清 洁 剂

项目	鉴别标准
透明度	透明液体，不分层
色泽	蓝色
气味	柠檬香味
稳定性	2~5℃放置 24 h 无结晶，无沉淀
黏度（25℃）mPa·s	≤10
pH	13~14

表 1-6 牵 尘 剂

项目	指 标
外观	透明液体，不分层
色泽	淡黄色或无色
气味	柠檬香味
稳定性	2~5℃放置 24 h 无结晶，无沉淀
黏度（25℃）mPa·s	<5

表 1-7 面 蜡

项目	指 标
外观	乳液，不分层
色泽	乳白色
气味	略带氨味
稳定性	2~5℃放置 24 h 无结晶，无沉淀
黏度（25℃）mPa·s	<10
pH	8~9
固含量%	≥17

2. 药剂选择

（1）根据污渍种类选择

了解和掌握场地各种污渍的种类和清除方法，有针对性地选择适合工作范围的药剂。

（2）根据清除效果选择

了解和掌握各种药剂的性能和使用效果，选择效果好、价格低的药剂。

（3）根据新技术、新产品选择

了解和掌握各种药剂生产开发的新技术、新产品，有计划地进行实验、对比，为选择药剂提供第一手资料。

（三）保洁用品使用方案的制定

1. 确定保洁范围和管理目标

根据场馆的性质和保洁要求确定保洁范围和管理目标。

2. 确定保洁用品的种类

根据管理目标和工作任务确定场地保洁用品的种类。

3. 确定保洁用品的数量

根据场地保洁标准化管理的原则确定保洁用品的数量。

4. 编制保洁用品预算书

根据保洁的种类和数量编制保洁用品预算书。

5. 制定保洁用品的管理规定

对保洁用品的计划、采购、保管、领用等环节进行规范。

（四）场地保洁疑难问题的解决方案

1. 观察与测试

① 观察表象，弄清其范围、数量、严重程度及对场地的影响。

② 局部测试，根据测试结果对问题作出初步判断，寻找解决问题的途径与方法。

2. 分析与判断

① 分析问题产生的原因及影响要素，确定问题的实质。

② 对处理问题的方法及过程中可能带来的结果进行综合判断。

3. 制定解决方案

① 解决问题的步骤与方法：根据观察、测试、分析、判断的结果，确定解决问题的步骤和方法。

② 解决问题的技术、设备与人员保障：为解决问题提供技术、设备和人员保障。

③ 解决问题的经费预算：为解决问题提供经费保障。

第二节　综合性体育活动的场地布置

一、综合性体育活动场地布置的知识

（一）综合性体育活动的特点

1. 项目多

在我国，较大规模的全国性综合运动会有全国运动会、城市运动会、青年运动会、大学生运动会、农民运动会、少数民族运动会等。第 10 届全运会的项目设置与奥运项目全面接轨，共设 32 个大项、357 个小项。其他综合运动会项目的设置除了部分奥运会竞技项目外，还增加了一些与运动会主题相关的特色运动项目，如划龙舟、荡秋千等。各省、市、行业、学校也有相应等级的综合性运动会，项目设置与上一级综合性运动会大致相同，行业和学校运动会还会设置一些游戏性项目。综合性运动会一般根据规格不同而设置不同规模的开、闭幕式（图 1-1）。

2. 人数多

综合性运动会由于项目多，规格高，参加比赛的队伍和人员也相应较多。第 10 届全运会共有 46 个代表团的 9 922 名运动员报名参赛，奥运会的代表队和参赛人数更多，第 29 届北京奥运会共有 205 个国家和地区的运动员和官员。

3. 规格高

与单项运动会相比，综合性运动会往往代表了一个国家、地区、行业、单位的形象和精神面貌，参赛方和主办方的重视程度高，竞争激烈，对比赛的组织、硬件设施等都有着较高的要求。全运会、奥运会分别代表着国内、国际最高级别的综合性运动会，对场地布置要求严格，不仅要满足运动规则对场地的要求，在场地配套设施、环境布置上有着更高的规格。

（二）综合性体育活动场地布置的要求与方法

1. 按比赛项目准备比赛场地

综合性体育活动一般在一个或多个体育场地先后或同时进行，奥运会、全运会的主会场一般安排在代表国际、国内最高水平的大型体育中心，设施先进，设

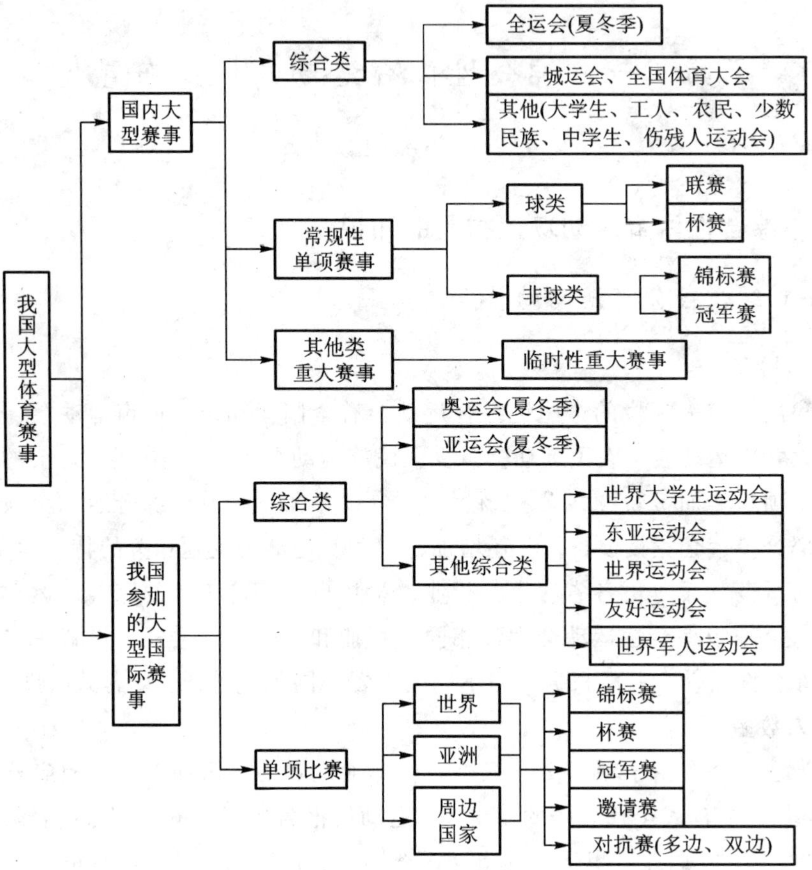

图 1-1　我国大型体育赛事示意图

备精良。组委会确定竞赛日程和赛场后，即应按要求准备场地和配套设施。首先，要掌握比赛项目和场次，按预赛、半决赛、决赛进行场地分配，并配备训练场地；其次，要在场地分配时考虑到参赛人数，特别是训练场地，要控制场地使用的总人数，采用短时间、多场次等方法，提高场地的周转率，避免拥挤、干扰等造成的不安全、不稳定因素；再次，要考虑到国别、地区、民族等因素，在不违反竞赛规则、条件许可的情况下安排适当。

2. 按比赛规格设置配套功能区域

（1）竞赛区域的布置

① 运动员等待区的布置：按照竞赛规则设置运动员的等待区。球类竞赛一般

在场地两边的安全区外各设置一个等待区，按人数配置休息椅、置物架（筐）等。游泳竞赛的等待区设置在出发台的后端。田径竞赛项目设置在起跑点的后端，随着项目变化而转移，田赛项目设置在场地的安全区外。足球竞赛通常设置带顶棚的安全防护设施。运动员等待区既可设置于场地安全区外，也可设置在与场地相近的室内并辟有专用通道，也可以将运动员休息区与等待区合并。

② 运动员活动区的布置：项目不同，活动区设置的位置也不同。排球竞赛运动员活动区在球队席的两端，举重竞赛通常在运动员休息区内，马术等竞赛在场外专辟练习场地。有的场馆在建设时就设置了练习场、练习馆。有条件的场馆也可以备用一个或数个练习场地供运动员赛前活动使用，但这些活动场地的设置必须就近，辟有专用通道，有竞赛工作人员与运动员联系的设备，如音响等。

③ 现场裁判员位置的布置：现场裁判的位置由裁判委员会根据规则设置，配备数量匹配的专用裁判椅。对竞赛中必须现场录像的裁判位置，则应根据项目的特点合理设置，如小轮车（BMX）、马术越野等竞赛，裁判摄像点应固定设置在赛道附近的安全位置。摔跤、柔道等摄像裁判具有一定的移动性，因此场地周围不允许有任何障碍物。

④ 裁判工作位置的布置：裁判工作位置一般设置在场地正面的安全区外，有裁判席、宣告席、成绩统计席、辅助裁判席（设备保障、器材保障等），根据竞委会的需要设置。由于裁判工作位置有大量的电子设备，因此，应根据需要提供足够数量的电源、网络和通信线路。

⑤ 技术代表、仲裁工作区域的布置：技术代表、仲裁工作区域一般位于场地正前方。柔道、摔跤等竞赛根据需要也可配备录像播放设备。

（2）与竞赛相关功能区域的布置

① 主席台的布置：主席台一般设置在看台上，位于场地的正前方，配有专用通道。主席台区域与其他观众区域相对分割，便于安全保卫。临时搭建的主席台应在场地安全区外，选择时应注意视野和位置。主席台应进行美化布置，配备话筒等音响设备和服务器具。

② 颁奖台的布置：通常，竞赛场地的颁奖台都是临时摆放的。颁奖台的定制应根据国际单项运动组织的规定，结合赛事的规模和项目的特点。颁奖台分单（双）人和集体两种，也可以由若干个单体组合而成，要求质地坚固，搬运方便，色彩亮丽，富有特色。重要赛事的颁奖台上一般会用会标或吉祥物点缀。

③ 竞赛委员会办公室的布置：竞赛委员会办公室最好紧邻赛场。竞赛各部门

既可集中办公，也可分室办公。竞赛委员会及所属各部门应有明显的标示。由于办公设备较多，应配备足够的电源、网络、通信线路和办公家具。如果办公场所复杂，应在入口处设置竞委会办公室分布图。

④ 医疗点、救护车位置的布置：医疗点一般分两处，一处为现场急救点，设置在竞赛场地的安全区域外，悬挂医疗标志；一处为赛场医疗点，通常设置在场馆内、运动员出入口附近。救护车停放点的设置本着就近、方便、通畅的原则，开辟专用通道。

⑤ 兴奋剂检测室的布置：兴奋剂检测室既可设置在赛场附近，也可设置在别处。兴奋剂检测室应有明显的标示，室内布置完全按照兴奋剂检测部门的要求设置。

⑥ 现场新闻采访点和记者工作室的布置：竞赛现场新闻采访点应按宣传部门的要求设置。固定采访点通常设置在运动员退场出口处，运动员与记者用隔离栏分开，保持一定的距离。允许进入内场采访的记者应指定活动区域，不得有干扰或影响竞赛进行的行为。田径、马术、自行车等具有一定危险性的竞赛，必须将记者与竞赛区域隔离。转播设备的设置应按组委会要求进行，严格控制摄像台的大小和高度，不得影响竞赛的正常进行，尽量降低对观众欣赏竞赛的影响。

⑦ 成绩公告点的布置：成绩公告栏一般在以下几个点设置，即赛场运动员休息室入口、新闻记者工作室入口、赛场新闻发布会大厅、运动员下榻宾馆大厅、竞委会办公室入口等处。成绩公告栏没有固定的模式，需要我们根据赛事的性质设计、制作。

⑧ 观众席的布置：正规赛场的观众席是固定的。如果内场较大，也可以设置临时看台，特别是拳击、文艺表演等观赏性较强的文体活动，一般都会增设临时看台。临时看台分移动看台、临时搭建看台和临时摆放观众椅等。临时看台的设置要以安全为第一要素，预留足够的安全通道，控制人数，分区隔离，设置安全警示标志和安全疏散标志。要制定突发性事件紧急处置预案，保证疏散通道和消防通道的畅通。

⑨ 赛场安全设施的布置：赛场安全设施主要分为固定设施和移动设施。固定设施主要包括消防通道、消防报警装置、监控装置等。移动设施主要指消防器材（灭火器等）、移动照明器具（应急灯）等。安全通道、消防器材的设置应严格按照相关法律法规进行。临时性赛场安全通道、消防器材的设置应通过公安、消防部门的验收。对具有一定危险的竞赛项目，如马术、击剑、自行车等，在场地布

置时应充分考虑其安全因素，加强防护措施，设置警示标志，建立安全保障体系，确保竞赛安全有序地进行。

⑩ 广告、宣传品的布置：竞赛场地布置广告和宣传品已为惯例，但必须规范。

A. 广告布置：广告内容的设置应经过组委会的许可，广告牌应统一尺寸，统一制作，统一摆放。广告的色彩应与运动项目的主色调协调，如乒乓球、羽毛球、网球不能大面积使用明亮的色彩。广告设置的位置应符合国际单项运动组织的规定，如足球球门、球网上不得设置广告等。广告的排序应按组委会的规定。广告的设置不得影响观众欣赏赛事和电视实况转播。

B. 宣传品的布置：赛事宣传品应经宣传部门审查，布置时以不影响竞赛正常进行、不破坏场地设施为原则。大型宣传品一般设置在距竞赛场地较远的位置。如室外大型氢气球宣传条幅，经大风吹刮后容易晃动、倾斜，离竞赛场地过近，会干扰运动员的视线，影响竞赛正常进行。大型宣传背景的设置要牢固，小型宣传架、栏必须固定，体现安全第一的原则。宣传画不能直接用胶水粘贴在涂料墙上，以免揭下时给墙体留下痕迹。

3. 按竞赛要求及规格布置赛场内外环境

综合性体育活动本着隆重、热烈、精彩、圆满的要求，对赛场内外环境的布置有着很高的要求，特别是全运会、亚运会、奥运会等重大赛事，以及足球、排球、篮球、乒乓球、网球、羽毛球、田径等洲际、国际顶级赛事，赛场的环境布置对烘托赛事气氛具有重要的作用。赛场环境布置包括以下几个方面：

① 会标、会旗、会徽、火炬、吉祥物的布置。
② 彩旗、横幅、广告、宣传画的布置。
③ 赛场示意图、指示牌、标志牌（物）的布置。
④ 花卉造型与布置。
⑤ 体育场地亮化工程的布置。。

4. 绘制赛场布置示意图

赛场示意图应力求反映赛场的主要特征，对主要建筑、区域、道路、出入口及赛场周边的主要环境进行标注，起到说明和指示作用。赛场示意图的绘制主要有 3 个要求：简洁、易辨和美观。

5. 体育运动最新规则中有关场地的要求

体育运动的竞赛规则随着运动自身的发展和科技的进步，始终处于不断的修改和完善之中。规则中与运动场地相关的内容也会进行一些调整。这需要我们及时搜集和掌握最新的运动规则,将规则中有关竞赛场地规格与要求的调整进行细化,制定调整的方案并实施。

6. 制定场地布置应急处置预案

(1) 紧急处置包括的情况

① 线段与标志的检查与修复。

② 隔离区域的保护与恢复。

③ 场地面层被污染、破坏后的清除与修复。

④ 恶劣气候的应急措施。

⑤ 易损材料的备用与更换。

⑥ 场地器材的紧急抢修与更换。

⑦ 水电中断的应急处置。

⑧ 突发火灾的应急处置。

(2) 操作实例

① 某体育馆供电中断的应急处置预案

A. 应急处置的组织与分工

a. 组长1人:负责总体指挥和协调。

b. 副组长1人:负责水电设备的抢修。

c. 副组长1人:负责参赛、办赛、观赛人员的应急疏散。

d. 办公室3人:负责信息、指令的上传下达,内外协调。

e. 水电设备抢修组5人:负责水电设备的抢修、备用设备的运行。

f. 疏散组20人:分工负责,保证安全通道畅通,协助人员疏散。

B. 启动备用设备:一旦供电中断,视情况应迅速启动备用设备或调换供电线路,在最短的时间内恢复供电或提供应急照明。

C. 诊断原因

a. 外部停电。

b. 设备故障。

c. 线路故障。

D. 排除故障

a. 联系协调:与供电部门联系,确认停电原因和恢复时间。

b. 排除故障:经诊断能以较短时间排除的设备、线路故障,迅速组织专业技术人员排除。

E. 稳定情绪：向观众及有关人员解释停电原因，对他们进行安抚，维护秩序。检查所有安全通道，做好撤离准备。

F. 组织疏散：在短时间不能恢复供电的，按应急处置领导小组的指示，有序地组织观众及工作人员疏散。

a. 场地人员：从内场入口，穿过休息室过道直接撤离。

b. 看台观众（图1-2）

一楼观众：

1区、2区从东门撤离。

3区、4区从南门撤离。

5区、6区从西门撤离。

7区、8区从北门撤离。

二楼观众：

9区、10区从二楼东门撤离。

11区、12区从二楼南门撤离。

13区、14区从二楼西门撤离。

15区、16区从二楼北门撤离。

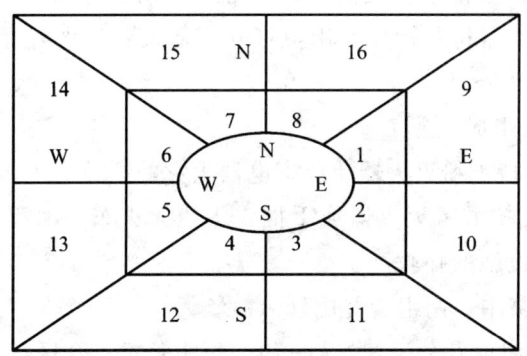

图1-2 疏散看台观众示意图

G. 应急处置的要求

a. 领导小组应经常检查、落实体育馆应急处置的方案，督促水电设备抢修组保持设备的良好状态，对关键零部件要有备用，要落实备用自发电设施和应急灯等器材。

b. 安全通道必须始终保持畅通，不得以任何理由挤占。

c. 疏散通道示意图应标示在醒目位置。工作人员对疏散的线路、程序应进行演练。

d. 遭遇紧急停电不能慌乱，要坚守岗位，安慰观众，细心引导，不要大声喊叫或与观众发生争执。

e. 在非紧急情况下，最后一名观众没有疏散前，工作人员不得先行撤离。

② 某体育馆发生火灾的应急处置预案

A. 指挥部人员组成及分工

a. 总指挥 1 人：负责总体指挥。

b. 现场指挥 1 人：负责火灾现场的扑救指挥。

c. 疏散总指挥 1 人：负责场地人员疏散指挥。

d. 指挥部成员 3 人：负责火情信息、指挥部指令的上传下达。

B. 设备组人员组成及分工：消控中心关闭火层信风，启动正压送风系统、排烟系统；启动消防泵、喷淋泵；关闭场地电源，启动应急用电措施，全部电梯沉底（图1-3）；组织消防器材并指导使用；打开广播设备，做好播音准备，播放撤离广播。

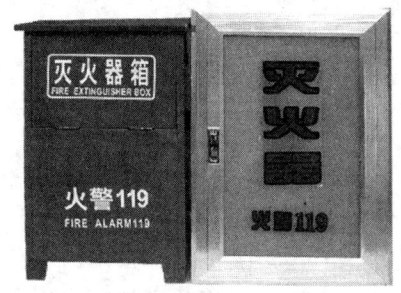

图 1-3　消防器材标志

C. 灭火组人员组成及分工

a. 灭火一组：持干粉灭火器，负责电器火灾的扑救。

b. 灭火二组：持酸碱灭火器或手推式干粉灭火车（射程 10 m），负责场地、看台、顶棚等附属设施的扑救。

如火情范围较集中，两组合并围歼。

D. 疏散组人员组成及分工：2 人一组，每组负责 1 个区域，负责组织运动员、观众、工作人员按既定的疏散方案撤离（图1-4）。

E. 引导组人员组成及分工：引导消防车进入扑救区，组织和控制疏散人员、围观群众在安全地带，保持消防通道的畅通。

F. 应急处置的要求

a. 遇到火情，保持镇定，分工合作，按既定方案迅速实施。

b. 如有可能，应在第一时间扑灭火源。

c. 运动员、观众的撤离应组织有序，防止现场发生拥堵或挤踏等安全事故。

d. 业余消防队员的主要责任是协助灭火。较大范围的严重火情由专业消防队员扑救，业余消防队员应配合扑救工作并注意保护自身安全。

e. 火情扑灭后应注意对现场的保护，以便于有关部门调查取证。

图 1-4　紧急出口标示

二、操作技能

（一）综合性体育活动场地布置

1. 准备场地

（1）按赛事要求制定场地使用的计划和方案，包括场地使用的数量、时间和场地编排。

（2）按竞赛要求检查场地布置与使用的情况，包括场地布置的规范性与规格的合理性，如功能区域的划分和设置等是否满足竞赛需要，试运行中出现的问题及解决方法。

（3）赛前检查与确认。

2. 设置器材

（1）按赛事要求制定器材使用的计划和方案，包括器材使用的数量、规格。

（2）按竞赛要求检查器材布置与使用的情况，包括场地器材布置的规范性与安全性。

3. 布置环境

（1）制定会标、会旗、吉祥物布置方案（图 1-5 至图 1-9）。

会标、会旗、吉祥物应重点布置在以下位置的空中、立面、地面：① 赛场出入口；② 竞赛场地；③ 主席台及主看台背景；④ 新闻发布厅及记者采访室；⑤ 会议室；⑥ 主题公园等。

（2）制定并组织彩旗、横幅、广告、宣传画等布置方案。

彩旗、横幅、广告、宣传画等应重点布置在以下位置的空中、立面、地面。

图 1-5 2007 上海特奥会会标——爱的眼睛

图 1-6 奥运会会旗五环旗

图 1-7 2008 北京奥运会吉祥物福娃

图 1-8 2008 年北京奥运会会徽

图 1-9 2008 年北京奥运会宣传口号

① 赛场外环境：赛场附近的公共交通道路、标志性建筑物、赛场各出入口、场地外通道、主题公园、服务设施等。

② 赛场内环境：通往比赛场地的通道、各功能区域、比赛场地周围等。

③ 广告的布置

A. 赛场广告的设置应在赛事组织者的统一规范下进行。一般由组委会制定广告征集的原则和设置的相关规定，非组委会指定的广告一律不得出现在赛场。

B. 广告的设置应遵循运动专项协会的要求。广告的宽度、高度、设置位置以不影响比赛、转播和观众欣赏为原则。

C. 比赛场地上广告的设置各项目有明确的规定，如足球比赛的场地（包括球门、球网、角旗等）一律不得出现任何广告；马术场地障碍上可以设置规定大小的广告。应严格按照专项竞赛管理的要求，熟悉相关规定，按要求设置广告。

D. 竞赛项目不同，对场地广告的颜色也有不同的要求。如网球场地不得使用白色、粉色等色泽明亮的广告。

E. 网球等项目对广告的内容、排序等有着严格的规定，必须按照广告布置图或在赛事管理人员的指导下设置广告。

（3）制定并组织赛场示意图、指示牌、标志牌（物）的制作和布置方案

① 组织绘制赛场示意图：标明赛场的主要场地、通道、出入口、重要建筑物、公园、服务区、主要交通站点等，用不同的颜色加以区分。图面要清晰、简洁、易辨，最好用电脑设计，交由广告公司制作。

② 设计、制作指示牌、标志牌：首先要列出指示牌、标志牌的名称和数量，进行分类设计。

③ 国际比赛赛场的指示牌、标志牌须配译英文，交由广告公司制作。牌面设计要简洁、清晰。示意图、指示牌、标志牌（物）的制作有一次性使用和长期使用之分，要充分考虑其用途、使用时间长短、办赛等级等因素，要与赛场的整体环境相匹配。

④ 场地示意图一般安装在赛场的入口处，指示牌、标志牌按照其指示、标示的内容设置，安放要牢固。

（4）组织实施美化环境布置方案：对体育场地美化环境布置的效果进行分析与评定（图1-10、图1-11），符合以下几个原则。

① 突出体育主题的原则。

② 体现体育文化与自然景观相结合的原则。

③ 立体布置的原则。

④ 绿化、彩化与亮化相结合的原则。

图1-10　北京奥林匹克体育公园环境布置效果图

图 1-11 天津奥林匹克体育场环境布置效果图

（5）组织实施亮化环境布置方案：对体育场地亮化工程进行分析与评定，考虑以下几点。

① 亮化的总体效果与体育场地的协调性。
② 亮化的主色调与城市环境的协调性。
③ 亮化模式的科学性（日常亮化、一般节假日亮化、重大节日或活动亮化）。
④ 亮化方案的选择与成本控制。
⑤ 光污染环评报告。

（二）场地布置中疑难问题的解决方案

场地布置中的疑难问题通常出现在以下几个方面。

1. 布置非标准场地

① 测量场地，确定场地的点、位、线。
② 划定区域，确定安全活动范围。
③ 绘制场地布置示意图，合理规划活动项目和器材摆放位置。
④ 设置场地线段、标志，摆放器材。
⑤ 设置缓冲、减压、隔离、警示等安全保护装置。

2. 布置无固定规格场地

① 测量场地，确定场地的点、位、线。
② 划定区域，确定安全活动范围。
③ 绘制场地布置示意图，根据活动要求设置场地。

④ 设置场地线段、标志，摆放器材。

3. 筛选和布置天然场地

① 测量场地，确定场地的点、位、线。

② 探测实验，确定场地的安全性和专业性。

③ 比较筛选，从多个方案中确定最佳方案。

④ 局部处理，使场地具备竞赛要求（设置起终点、隔离带、警示标志、面层压实等）。

4. 提出解决疑难问题的方法

① 分析问题，对问题的表象进行分析，收集相关材料和数据。

② 研究问题，对问题的成因、性质、解决问题的途径进行研究。

③ 提出解决方法，根据分析、研究的结果提出解决问题的方法。

第三节　场地维护方案的制定

一、制定场地维护方案的知识

（一）制定方案

1. 场地维护的分类

① 场地面层的日常维护保养。

② 场地面层局部损坏的修复。

③ 场地面层的出新改造。

④ 场地面层的更换、重置等大修工程。

⑤ 体育场地的综合性维修工程。

2. 场地经常性维护方案的制定

（1）经常性维护内容的确定

根据场地的实际情况，确定经常性维护的内容与方法。如各类场地日常维护保养的具体内容和方法；有计划地安排对损坏面层的修复，在对场地面层出新进行调研的基础上提出施工方案。

（2）维护工具、材料的使用与管理

对维护工具的使用进行计划管理和制度管理，努力降低成本，减少浪费。

（3）维护成本的预算与控制

编制场地的经常性维护管理和面层出新等维护预算，并在执行过程中严格控制成本，确保预算内费用的合理使用。

（4）维护效果的检查与验收

对场地维护的过程进行监督，对场地维护的效果进行检查与验收。

3. 场地面层的出新改造

（1）场地面层损害的主要原因

① 室外场地风吹日晒，造成场地表面的老化、腐蚀。

② 密集运动摩擦导致的面层磨损。

③ 建成使用时间较长的场地面层出现年久性老化。

④ 湿度、温度对场地面层的影响。

⑤ 化学成分造成的面层腐蚀、污染。

⑥ 使用、管理不当造成的人为损坏。

（2）场地面层出新的方法

① 木质场地

A. 对局部损坏的地板进行更换。

B. 对场地面层进行打磨。

C. 对场地面层进行油漆。

D. 重新设置场地的线段、标志。

② 塑胶跑道

A. 对场地进行冲洗。

B. 将损坏的局部面层取出。

C. 将塑胶颗粒用 PU 胶水调制填补。

D. 对场地喷涂塑胶液。

E. 重新设置场地的线段、标志。

③ 草坪场地补种

A. 封场。

B. 对荒秃的局部进行土质疏松。

C. 补播草种或移植种苗。

D. 浇水、施肥等养护手段。

E. 养护期的管理。

F. 使用前的修整。

④ 沙土网球场地

A. 使用工具将面层上的沙层取出堆放于干净的场地上，过筛去除杂质，备用。

B. 使用工具将面层（细煤渣混合土层）取出堆放于干净的场地上，捣（压）碎、晒干，用网眼 0.5~0.8 mm 的筛子过筛，过筛后将细沙土留下备用；按场地面积计算，黄土、石灰、细煤渣按 3:1:6 的比例重新配置混合土进行补充。混合土应充分考虑场地性质、材质、地区气候等特点，按照适宜的比例混合。

C. 将基础层进行修整，使基础层坚实、水平，不得有浮土。

D. 将筛过的混合土移至基础层，填满、找平、压实。

E. 按场地面积取适量黄土晒干、捣（压）碎，用网眼 0.5~0.8 mm 的筛子过筛，过筛后将细黄土留下备用。

F. 将过筛后的细黄土用清水泡透，捣、搅，直至形成厚实的流质黏浆。

G. 在傍晚或无日照的天气（非雨天）将黏浆一次性均匀地泼洒在场地表层，使之形成一层 2~3mm 的薄层，此为沙土场地新的面层。

H. 待面层七成干的时候（夏季一整夜），将筛过的细沙均匀地铺撒在场地面层上。

I. 面层浇铺 48 小时以后，可以对场地进行适度的刮扫，用 250 kg 石磙（或压实机）滚压，以便沙子和面层的黏合。

J. 场地线段的重新设置。

⑤ 红土网球场地的施工步骤

A. 首先在网球场底部构建十字形排水系统。

B. 采用大型碎石构建第一层基础，此层基础厚度为 25 cm。碎石铺装完毕后需要经过表面压实。

C. 采用中型碎石构建第二层基础，此层基础厚度为 15 cm。碎石铺装完毕后需要经过三次以上的压实碾碎工作。保证表面碎石直径小于 0.5 cm，平整误差不超过±3 mm。

D. 在基础表面摊铺经过专用网球红土和细小沙砾及抗滑剂搅拌均匀的网球场地面层。要求摊铺均匀，场地表面颗粒状物体直径不超过 0.3 mm，并保证整片场地颜色均匀一致。

E. 使用专业的场地画线涂料画线。

（二）常用场地维护工程预算的编制方法

1. 单价法

单价法以单位工程为计算单元，用地区统一单位计价表的各有关单价与相应各工料项目的工程量相乘之总和，得到包括工、料、机费用在内的单位工程直接费，由此再计算出其他直接费、现场经费、间接费、计划利润及税金，汇总上述各项费用即得到单位工程的施工预算。概括地说，单位工程施工预算的直接费等于各项工料单价乘以对应各项工程量之总和；其他直接费、现场经费、间接费和利润可由规定的费率乘以相应的计取基数求得。

单价法编制施工预算的步骤如下：

① 收集和准备施工图纸、施工设计、相关定额、费率标准、地区材料预算价格、工程量计算规则文件、资料等，并详细阅读、熟悉和掌握。

② 工程计算。

③ 套用工料单价，按单位工程施工预算直接费计算，求得单位工程人工费、材料费和机械使用费之和。

④ 编制工料分析表。

⑤ 计算、汇总造价，即按规定的税、费率和相应的计取基数，分别计算其他直接费、现场费、间接费、利润、税金等，将上述费用累加后与直接费汇总，得到单位工程施工预算造价。

⑥ 复核。

⑦ 填写封面和编制说明。

2. 实物法

实物法是先用算出的各分项工程的实物工程量分别套取定额，按类相加求出单位工程所需要的工、料、机消耗量，再分别乘以当时、当地的工、料、机实际价格，求得工、料、机费，并汇总、求和。概括地说，单位工程施工预算直接费=∑（工程量×人工预算定额用量×当时当地人工工资单价）+∑（工程量×材料预算定额用量×当时当地材料预算价格）+∑（工程量×施工机械预算定额台班用量×当时当地机械台班单价）。

计算其他直接费、现场经费、间接费、计划利润和税金等费用时，需根据当时当地的建筑市场供求情况确定。

实物法编制施工预算的步骤和单价法基本相似，只是在具体计算工、料、机3种费用之和时有一些区别。

实物法编制预算所用工、料、机的单价均为当时当地的实际价格，编得的施工预算可较为准确地反映实际水平，适合市场经济的特点。但因该法所用工、料、机消耗量需统计得到，所用实际价格需要收集、调查，工作量较大，计算繁琐。随着计算机和信息系统的普及，这种方法更能适应国内、国际市场需要。

（三）常用场地维护材料的鉴别方法

1. 外观鉴别

通过对材料颜色、颗粒、软硬度、弹性、重量等外观的触摸、查看，做出初步判断。

2. 品牌鉴别

已经通过相关部门或运动组织免检或指定的产品，需对其品牌、商标、免检或指定标志、型号进行鉴别。

3. 专业检测

对材料进行专项检测或送质检部门进行相关专业性能测试。

4. 实际检验

使用部分材料进行实地实验，对其实际效果进行评价。

注意事项：

① 检测、实验的方法和数据应符合国家规定的标准。

② 如果免检或指定的品牌是系列产品，应辨别免检或指定的品牌的型号，弄清免检或指定的内容是品牌的系列产品还是产品系列中的某一型号。

二、操作技能

（一）常用场地维护方案的制定

1. 分析

① 对维护项目进行分析，确定维护的程序和方法。

② 对维护材料进行分析，确定维护材料的种类和质地。

③ 对维护的人工、机械的使用进行分析，确定人工数量和机械种类。

④ 对维护工程的预算进行分析，确定成本控制的方法。

2. 制定

① 测画场地维护施工平面图（或审阅施工技术人员测画的标准图）。

② 制定场地维护工艺流程。

③ 制定人工、材料、机械的使用方案。

④ 编制场地维护预算。

⑤ 制定场地维护的安全、进度、文明施工的保障措施。

（二）常用场地维护材料的鉴别与评定

1. 常用建筑材料的鉴别与评定

建筑材料质量的鉴定一般由政府质检部门进行，或产品包装上有质检部门的认证图标。但由于建材市场庞大，鱼龙混杂，除了把好进货关，还要在使用前或使用中认真观察，对所进材料的质量进行实际鉴别和评定。下面介绍几种普通建材的建议鉴别方法。

（1）水泥

除了查看生产企业、商标、标号等，还要进行实物检查。一般，没有结块的水泥就是合格水泥。质量差的水泥抓在手里用力一攥，水泥就会结成许多大小如同豌豆或更大一些的灰团，说明这种水泥已经出现了板结反应了，其质量肯定低于规定标准。

（2）石灰

按一份石灰膏、三份沙子的比例调成砂浆，砌一个有几块红砖组成的砖柱。4天以后，用手抓住砖柱慢慢向上提起。如果砖柱不断，说明这种石灰膏质量符合要求。

（3）砖

砖的质量可以通过锤击试验来鉴定。一般，低于标号（75号）砖用 1 kg 锤击打时，一下子就碎了；100号砖通常要击打数次才碎，而且碎块较大；100号以上的砖用锤猛击时会冒火花，留下小片擦痕。或用落地法鉴别，即将砖从 1.5 m 高处落在坚硬的地面，碎块较大的，说明质量较高。

（4）水胶（木材粘胶）

质量好的牛皮胶用火柴可以烧成粉末状的细灰。质量差的胶，如用骨头、蹄、角熬制的骨胶，燃烧后成黑色的焦砟。

2. 场地面层材料的鉴别

（1）木地板

① 产地：要弄清材质的原产地，防止同科异木，以次充好。如柚木主要产自泰国、缅甸，水曲柳以长白山的为佳，白橡木主要产自美国。

② 颜色：实木地板的材质不同，其颜色、木纹有明显的差异。如柚木表面呈褐色或深褐色，有光泽，弦面常有黑色条纹。榉木表面呈褐色，有竖条纹，无芝麻点。即便是木纹比较接近的材质，只要根据其应有的特征进行仔细观察，也能做出区别。天然颜色越深，品质越好。

③ 重量：品质好的地板通常比重较大。

④ 横切面：横切面越细，木质就越好。

⑤ 加工精度：包括地板长度、宽度、厚度的偏差，榫舌与榫槽的配合间隙以及拼装缝隙的高低差。将数块地板置于水平面上进行侧拼、端拼，就能直观评定一批地板加工精度的优劣。以拼缝小、手感平整为宜。

⑥ 外观质量：地板材质缺陷和加工缺陷，包括节子、蛀孔、裂纹、腐朽、漆膜缺陷（如气泡、皱皮、漏漆、针孔）等，它是评定实木地板质量等级的主要指标。

⑦ 含水率：实木地板内在质量最重要的参数指标。需要仔细查看产品说明，根据地域环境的特点选择合适的含水率。

(2) 实木复合地板

实木复合地板由三层和多层结构组成。此类产品克服了实木地板稳定性差等缺点，既具有实木地板的外观特征，又有均质和幅面尺寸大的优点。选取时应注意以下几点。

① 外观质量：材质应无明显的缺陷，如死节、腐朽、裂缝及蛀孔。油漆表面光泽一致，漆膜均匀，无针孔、划痕等。

② 加工精度：可用数块地板随意拼装后，以拼缝严密、手感平整为宜。其精度与强化木地板相当，以拼缝≤0.15 mm、拼装高度差≤0.10 mm 为宜。

③ 理化性能：主要包括含水率、浸渍剥离试验、甲醛释放量及漆着质量（附着力、表面耐磨、耐污染）等。

(3) 强化木地板

强化木地板是以中、高密度纤维板或刨花板等人造板为基材，表层是含有耐磨材料的三聚氰胺树脂浸渍（木纹）装饰纸，底层为浸渍酚醛树脂的胶膜纸或层压板，起平衡和稳定作用。

① 表面耐磨性：以一定粒度及负荷的研磨轮与旋转的表面摩擦后，出现磨损

时的转数来评定。转数越高,表明耐磨性越好。

② 吸水厚度膨胀率:反映了地板基材的防潮、耐水性能。但耐水和防潮性好坏还应从地板浸水或受潮后在自然条件下恢复的能力上进行评定。因此,不能仅凭吸水厚度膨胀率指标对产品的耐水防潮性做出结论。

③ 甲醛释放量:甲醛释放量指标有严格的限定(规定≤0.12 mg/m³ 或 ≤1.5 mg/L)。选择正规厂家的名牌产品,是保证产品达到环保要求的一个途径。

(4) 塑胶颗粒

① 比重轻。

② 颗粒干净无胶粉吸附。

③ 颗粒与PU胶水的粘接性能强不易脱粒。

④ 颜色鲜艳久不褪色。

(5) 塑胶类铺装场地材料

① 抗菌防霉:具有致密的表面结构,防止细菌的滋生和霉变。

② 尺寸稳定:不含增塑剂,边不会收缩,无须焊缝或焊缝后不变形、无裂缝。

③ 阻燃性能:烟蒂烧灼表面无损伤。

④ 弹性:具有较好的弹性。

⑤ 抗腐蚀:短时间接触化学溶剂(如稀释的酸碱)不会损伤表面。

⑥ 抗静电:在场地上运动没有放电现象。

(6) 人造草坪

① 外观:表面较平整,无明显凹凸不平,色泽均匀。

② 草苗品质:正规厂家、名牌产品是保证草苗品质的一个途径。

③ 底衬:以三层复合底衬为好。

(三) 常用场地维护材料需求计划的制定

1. 需求分析

(1) 材料的种类分析

根据场地面层的种类列出维护材料实际需要的种类,包括面层的清洁护理、修补、更换和计划内的面层专项维护项目。

(2) 材料的需求量分析

根据场地面层的使用年限和实际状况,确定维护材料的数量。

2. 计划制定

（1）按成本控制原则制定

制定材料需求计划应严格控制成本，实事求是地按需计划，避免材料的闲置和浪费。

① 进行严格的计算：对成本偏差进行预防、监督和及时纠正，把成本费用限制在成本计划的范围内，以达到预期降低成本的目标。

② 建立成本管理制度：是成本控制的一个重要方面。

③ 成本分析与考核：在成本形成过程中，对维修工程施工耗费和支出进行分析、比较、评价，为今后成本管理工作提供参考。

（2）按计划责任制的原则制定

本着谁制定、谁负责的原则，把计划和责任结合起来，尤其是对施工单位的招投标、计划中的大宗材料需求、高新产品的应用要组成专门的采购评定小组进行论证，符合政府采购要求的要按程序申报。

（3）按计划管理科学化原则制定

对场地维护材料的计划、使用和管理要进行信息收集、数据处理、科学评定等现代管理手段，使所制定的计划更适应我国的行政管理和市场化机制。

（四）常用场地维护成本预算的制定

1. 成本预算

成本预算是场地维护的重要环节，通常由专业预算员编制。体育场地工技师应了解成本预算的方法和内容，能编制简单的场地维护预算，有审阅成本预算的能力。下面以田径场维护工程为例，介绍成本预算的单价法和实物法。

（1）单价法预算编制案例（表1-8、表1-9）

表1-8 差价汇总表

序号	名称	单位	数量	单价（元）			合计（元）		
				预算价	市场价	差价	预算价	市场价	差价
1	人工								
2	土方机械操作工	工日							
3	瓦工	工日							
4	普工	工日							
5	混凝土	工日							

续表

序号	名称	单位	数量	单价（元）			合计（元）		
				预算价	市场价	差价	预算价	市场价	差价
6	钢筋工	工日							
7	砌筑工	工日							
8	粉刷工	工日							
9	混凝土构件安装工	工日							
10	材料								
11	钢筋（综合）	t							
12	周转木材	m³							
…			…						
总计									

表 1-9　工程预算表

序号	定额号	项目名称	单位	工程量	基价（元）	其中			合价（元）	其中			主材费（元）		独立费（元）	
						人工费	材料费	机械费		人工费	材料费	机械费	单价	合价	单价	合价
		一、拆除工程							…	…					…	…
1	g1	*12-11	拆除草坪砖 100 cm 厚	10m²	…											
2	g2	*7-93 注	拆除预制路牙	m³												
3	4	独立费	建筑垃圾外运	m³	…										…	…
		二、足球场							…	…					…	…
4	1	独立费	挖土	m³												
5	2	独立费	外运土	m³												
6	g4	*9-4 注	2:1 碎石：煤渣垫层，压路机碾压	m³												
7	g6	12-8 换 *5	碎石垫层每±5 cm	10m²												
		三、跑道							…	…					…	…
8	1	独立费	挖煤渣	m³	…										…	…

续表

序号	定额号	项目名称	单位	工程量	基价(元)	其中			合价(元)	其中			主材费(元)		独立费(元)	
						人工费	材料费	机械费		人工费	材料费	机械费	单价	合价	单价	合价
9	2	独立费	外运煤渣	m³	…										…	…
10	g3	1-269	内燃压路机15 t以内原土碾压	km²	…											
11	g4	12-7换	碎石垫层10 cm厚	10m²												
			四、两个半圆区						…						…	
12	1	独立费	挖煤渣	m³	…										…	
13	2	独立费	外运煤渣	m³	…										…	
			五、跳远、撑竿跳助跑跑道						…						…	
14	1	独立费	挖煤渣	m³	…										…	
15	2	独立费	外运煤渣	m³	…										…	
			六、跳远沙坑、撑竿跳高沙坑						…						…	
16	g1	*9-4注	2:1碎石:煤渣垫层,压路机碾压	m³	…	…			…							
17	g3	12-8换*5	碎石垫层每±5 cm	10m²	…											
			七、新做排水沟						…						…	
18	1	独立费	沟槽挖土	m²												
			总 计						…	…	…				…	

（2）实物法编制案例（表1-10、表1-11、表1-12）

表1-10 措施项目清单计价表

序号	项目名称	金额（元）
1	通用项目	
1.1	环境保护费	
1.2	现场安全文明施工措施费	
1.3	检验试验费	

续表

序号	项目名称	金额（元）
1.4	临时设施费	
1.5	夜间施工增加费	
1.6	二次搬运费	
1.7	大型机械设备进出场及安拆	
1.8	混凝土、钢筋混凝土模板及支架	
1.9	脚手架费	
1.10	已完工程及设备保护	
1.11	施工排水、降水	
1.12	赶工措施费	
1.13	工程按质论价	
1.14	特殊条件下施工增加费	
	小　计	
2	建筑工程	
2.1	垂直运输机械费	
	小　计	
	合　计	

表1-11　单位工程费汇总表

序号	项目名称	金额（元）
1	分部分项工程量清单计价合计	
2	措施项目清单计价合计	
3	其他项目清单计价合计	
4	工程定额测定费	
	安全生产监督费	
	建筑管理费	
	劳动保险费	
5	税金	
	合　计	

表 1-12 分部分项工程量清单计价表

序号	项目编码	项目名称	计量单位	工程数量	金额（元） 综合单价	合价
一、足球场工程						
1	010101002001	挖土方				
2	010101001001	平整场地				
3	020101001001	场地基础层				
二、跑道工程						
4	010101002002	挖煤渣				
5	040102001001	拆除道牙	m			
6	010101001002	平整场地				
7	020101001002	场地基础层				
三、半圆区工程						
8	010101002003	挖煤渣				
9	010101001003	平整场地				
10	020101001003	场地基础层				
四、排水沟工程						
11	010101003001	挖基础土方				
12	010101001004	平整场地				
13	010203002001	碎石垫层				
14	010203002002	混凝土垫层				
15	010301001001	砖基础				
16	010407001001	混凝土压顶				
17	010412008001	沟盖板				
18	020203001001	零星项目一般抹灰				
		合　计				

工程预算根据核算和预算的要求，应分别制定各种不同类别的预算和核算表格，需要在工作实践中了解和掌握。

2. 成本制定

(1) 目标成本的制定

① 直接成本：分为人工成本、材料成本、机械成本3类。

人工成本的高低取决于人工消耗的数量的多少和人工单价的高低；人工单价取决于市场行情和国家的相关政策，而人工消耗数量的多少则取决于企业劳动生产率水平的高低及施工工作的机械化程度。人工费用目标成本的确定关键是确定单位工作量的人工消耗数量。

材料成本包括工程所需的各种原材料、辅助材料、构配件和半成品的费用。

机械成本是指将现行预算定额中的机械费用作为我们的目标控制成本。

② 间接成本：包括其他直接费、现场经费、间接费、税金等。

③ 目标成本的控制与修正：成本控制的基本过程包括确立标准、衡量实际成果、纠正偏差。目标成本的修正，说到底其实就是一个衡量实际成本、纠正偏差的过程。目标成本的修正依赖于大量的基础数据。这就需要我们对施工细节进行规范的积累、正确的原始记录。

(2) 成本编制的程序

① 收集、整理、分析资料：为了使编制的成本计划有科学的依据，应对有关成本计划的基础资料全面收集整理，作为编制成本计划的依据。主要有以下几个方面。

A. 计划维修工程量等技术指标。

B. 以往同类维护工程成本制定的相关资料。

C. 劳动工资、材料计划及技术组织措施等。

D. 主管部门下达的降低成本指标和建议。

E. 施工图纸、定额、材料价格、取费标准等。

② 成本编制的过程

A. 严格按照施工图编制。

B. 对劳动力、建材等市场进行仔细的分析和掌握，并在编制过程中充分反映。

C. 对专家、领导有关成本控制的建议和指示进行分析和研究，并在编制过程中充分反映。

D. 与基建、财务等部门加强沟通，解决预算编制的技术性问题。

③ 成本编制的确定

A. 对照施工要求、施工图纸、成本控制目标等进行详细的复核。

B. 送交专业部门或主管部门审定，并按照要求进行修改。

C. 经审定通过后定稿。

(五) 常用场地维护技术改进的合理化建议

1. 按运动项目的特性提出场地维护的合理化建议

(1) 场地对运动的影响

① 场地弹性对运动的影响：对运动场地来说，弹性指标的高低非常重要。不同运动项目对场地弹性的要求不同；不同材质建造的场地弹性指数不同；同种材质建造的场地，由于其厚度不同、工艺不同等，也会使其弹性指数不同。这就要根据运动项目的特点选择适合的建设、维护材质和工艺，满足运动对场地弹性的需求。

② 场地滑、涩度对运动的影响：不同的运动项目对场地滑、涩度的要求不尽相同。同一片木质场地上分别开展篮球和排球运动，篮球运动场地要防滑，防止运动员在运动中因场地过滑而造成动作变形或带来不必要的摔跌；排球运动必须滑、涩适中，要保证运动员身体撞击地面时不至于挫伤。

③ 场地平整度对运动的影响：场地平整度对网球、门球等项目的影响较大，因为场地的凹凸不平会改变球回弹的方向，给运动员带来判断上的干扰。

④ 场地干、湿度对运动的影响：沙土场地对干、湿度的要求很高，网球、煤渣田径跑道、小轮车、足球、马术等项目都要求场地干、湿度适中，否则对球速、跑动等都会造成一定的影响。

(2) 根据运动项目的要求提出场地维护的技术性建议

在编制场地维护计划的时候，要充分考虑运动项目对场地的技术要求，根据不同项目的特性选择维护材料和工艺。应特别注重沙土场地的保湿和木质场地防滑、防涩的处理，这是我们进行场地经常性维护的重要内容，也是运动项目中较普遍的问题。

(3) 以木质场地的防滑处理为例

① 保持木质场地的清洁，确保场地上没有尘土。上场活动者应换干净的运动鞋，对场地上出现的尘土污染要立即清除。

② 对已经投入使用的木质场地，可以对场地面层加涂一层防滑涂料。

③ 在对场地面层进行铺设或专项维护时，使用质量稳定的专用防滑油漆或涂料进行面层处理。

④ 对运动中出现的场地局部过滑，应立即用干布擦拭，去除汗渍、尘土等污染。擦拭后仍未达到运动要求的，可以沾少许强力除蜡水对局部面层进行除脂

去垢。

⑤ 雨天、长江中下游黄梅季节，应对场地进行通风散湿或去湿处理，保持适宜的干湿度。

2. 按场地维护材料的更新换代提出维护的合理化建议

（1）维护材料更新换代信息的收集与整理

① 信息收集：通过阅读和浏览专业书刊、相关杂志和互联网等，搜集关于场地维护材料的最新信息。

② 信息整理：对搜集来的信息进行分类整理和分析研究，从中选择适合场地维护的新材料作为备用资料，并将这些资料存档。

（2）新材料在维护中的应用

① 对已经获取的维护材料的新品种进行性能对比，从中选出1~2种进行实验，或对已经成功的案例进行调研。

② 在实验或调研的基础上，结合场地维护项目，提出新材料应用的依据和建议。

3. 按场地维护的新工艺提出维护的合理化建议

（1）场地维护新工艺信息的收集与整理

① 信息收集：通过阅读和浏览专业书刊、相关杂志和互联网等，搜集关于场地维护的新工艺和新技术。

② 信息整理：对搜集来的信息进行分类整理和分析研究，从中选择适合场地维护的新工艺作为备用资料，并将这些资料存档。

（2）新工艺在维护中的应用

① 对场地维护新工艺进行考察与调研，掌握新工艺的原理与方法以及新工艺在实际应用中的成功经验。

② 在实验或调研的基础上，结合场地维护项目，提出新工艺应用的依据和建议。

【名词解释】

1. 标准化管理：依据技术标准和管理标准对操作过程实施的管理。

2. 场地维护：按相关运动规则和要求，对场地进行规整、清洁、维修、保养和安全检查。

【思考题】

1. 制定场地保洁标准化管理实施的方案。
2. 简述场地布置中疑难问题的解决方案。
3. 根据要求制定一份场地布置应急处置预案。
4. 根据要求制定一份场地维护方案。

第二章　体育活动的器材布置方案

【学习目标】
1. 能够制定体育活动器材布置方案。
2. 能够对特殊器材进行维护和调试。
3. 了解器材维护材料的鉴定方法。
4. 掌握建立器材管理数据库的方法。

【知识要点】
1. 体育活动器材布置方案和流程的制定方法。
2. 特殊器材维护和调试的方法。
3. 器材维护材料的鉴定方法。
4. 计算机数据库应用知识。

第一节　器材布置方案的制定与疑难问题的解决

一、体育活动器材布置方案和流程的制定方法

首先，总布置设计人员要确定整体思路，即明确体育活动器材布置方案和流程。在总体设计过程中，需要先确定整体规格参数、性能参数、质量参数等。

然后，根据体育活动器材布置方案和流程的设计要点，设计出各种布置效果图和模型，选定最佳方案后，再进行总体布置实施。

布置方案和流程应遵循以下几个原则。

1. 科学性

布置方案和流程应有一定的事实根据和科学的理论依据。在确定体育活动器材布置方案和流程前,应了解有关布置方案和流程的资料,吸取别人的实践经验。

2. 实用性

体育活动器材布置方案和流程制定要有一定的实用价值。影响较大、问题较普遍、布置方案和流程最关注的问题应优先研究。

3. 可行性

体育活动器材布置方案和流程必须在具备了一定的主客观条件下才有可能完成。为保证体育活动器材布置方案和流程的顺利实施,布置方案和流程的方案应做到:第一,正确评价布置方案和流程的结构和水平;第二,正确评价客观条件是否具备,包括工具手段、经费支持、时间、材料来源、协作条件等。

二、器材安装的应急处置方法

(一) 技术支撑

加强应急保障队伍建设。应急保障人员应加强业务学习,熟练掌握应急器材、设备的操作。

(二) 器材储备

建立完善的应急物资保障体系,对缺损的器材要及时补充更新。

(三) 经费保障

加强应急处置的交流与技术合作;加大器材布置应急状况应急处置的投入,建立健全器材布置应急事件应急管理的措施,提高器材布置事件应急处置的能力。

三、操作技能

(一) 制定体育活动器材布置优化方案

1. 体育活动器材布置原则

① 合理与适用相结合。

② 完整与协调相结合。

③ 安全第一、保护环境。

2. 体育活动器材布置的依据

① 根据体育比赛有关要求及相关规则。
② 根据场地实际情况进行布置。
③ 根据示意图进行布置。
④ 根据活动计划安排进行布置。

3. 体育活动器材布置步骤

① 筛选不同布置方案。
② 确定总体布置方案。
③ 明确器材布置的任务和要求。
④ 安排人员及分工。
⑤ 组织器材。
⑥ 安装调试。
⑦ 赛前检查。

（二）器材布置疑难问题的解决方案

1. 分析问题

(1) 系统分析法

把器材布置的过程看成一个系统，判定整体过程是否存在问题，是什么原因造成的。在对整体状态有比较深入了解的情况下，判断器材布置疑难问题的性质，拟定解决问题措施。

(2) 解析分析法

把器材布置看作一个整体，然后按构成这个整体的因素进行分解，通过对这些因素的分析来界定问题的性质，从而深入把握存在问题的原因，为采取相应措施提供依据。

(3) 问题归类法

按各类问题的特征进行分析，找出同类问题的共性和特征，采取相应的对策。

(4) 重点分析法

把器材布置过程中存在的众多问题用排列的方法，依照影响问题的性质或程度大小组合排列，然后将影响程度占总问题的比例大的因素列为解决问题的重点。

(5) 因果分析法

把影响器材布置中所存在问题的各种因素，按影响程度大小分为若干等级，影响大而且直接的因素称为一级影响因素或问题原因，下一级影响因素是上一级影响因素存在的原因，即上级原因是下一级问题，以此类推，通过层层列示影响因素直至最底层不能再分为止。

2. 明确问题

① 查找器材布置存在问题的原因。
② 将器材布置问题进行分类并进行分解。

3. 制定方案

① 查找解决问题的相关资料。
② 根据问题的成因寻找解决途径。
③ 拟定器材布置疑难问题的解决方案。
④ 组织解决问题的人力和物力资源。
⑤ 解决问题。

第二节　器材的评估

一、器材鉴定的方法

（一）感官鉴定法

不用量具和仪器，仅凭鉴定人员的经验和感官来对零件的技术状态做出判断。如体育器材和设备中零件的裂纹、折断、弯曲、扭曲、腐蚀、疲劳蚀损等，可以目测鉴定；零件的连接是否紧密，零件本身是否有裂纹等，可用小锤轻轻敲击，凭发出的声音清浊用耳听鉴定；有些零件裂纹可通过浸油后涂抹白粉，再用小锤轻击，鉴定是否有渗出；还可用手晃动配合零件，初步鉴定其配合间隙的大小。

（二）量具鉴定法

采用各种量具检查体育器材设备中零件的配合尺寸、间隙、表面形状和位置偏差等，这是一种比较精确的鉴定方法。常用的量具包括直尺、钢带尺、卡钳、厚薄规、游标卡尺等。

(三) 样板鉴定法

按技术要求制作标准样板，在进行鉴定时，只要将被鉴定器材零件与样板进行比较，看其偏差是否在允许范围内。这种方法简单实用。

(四) 送检鉴定法

由专门的机构对体育器材的结构、性能等方面进行鉴定的方法。如用磁力探伤仪检查器材零件内部的裂纹或空洞；用弹簧弹力试验仪检查器材弹力状态等。建议对体育场地上具有一定危险性的器材定期由专门机构进行安全检查。

二、特殊器材调试的方法

特殊器材的调试应由专业人员进行，体育场地工应熟练了解和掌握特殊器材的性能，能够配合专业人员进行调试。安装调试前应查验器材有无损坏或其他任何有危害性的环境影响。

三、器材维护材料的鉴定方法

见器材鉴定方法。

四、操作技能

(一) 器材功能的评估

器材功能是指器材满足使用需要的各种性能的总和。器材功能评估是对器材能够提供的功能效果加以分析和评价论证，衡量其满足需要的程度。不同的体育器材，有着不同的使用功能。器材功能评估主要是从器材的性能、功能、结构、材质、工艺等方面进行评估。其中性能评估和材质评估的介绍如下。

1. **性能评估**

性能评估是对器材的可靠性、安全性以及其他问题进行评估。

2. **材质评估**

比如要评估玻璃类器材材质的好坏，透氧率是一个重要目标，材质的透氧率越高,其材质也通常越好。

（二）器材安全的评估

由于员工流动性大,使作业人员没有足够的时间来熟悉作业情况。另外,一些场地对安全培训不重视,作业人员技术素质偏低,现场人员对事故的反应能力差。因此要加强监管工作。

1. 操作安全评估

在器材的操作过程中,如果操作不当,很容易出现安全问题。因此,在操作器材时,我们要严格遵守操作规程和顺序。必须按照安全操作的要求,正确穿戴；必须认真仔细检查器材各部件和防护装置是否完好、安全可靠。

使用器材时,要检查周围有无障碍物；工作结束时,清理安放好所使用的器材,并将场地清扫干净。

2. 管理安全评估

经常检查监督,教育职工树立防范意识。教育职工做好自我保护工作,防止意外事故发生。要制定好各项操作规程和各项规章制度,组织各部门人员学习。

充分发挥专职安全员的作用,定期组织检查,对查出重大隐患的,组织落实整改,确保安全生产。

（三）器材维护材料需求计划的制定

1. 器材维护材料需求分析

器材维护材料需求分析就是分析器材维护材料的需求是什么。需求分析具有决策性、方向性、策略性的作用,在器材维护的过程中具有举足轻重的地位,因此一定要对需求分析具有足够的重视。简言之,需求分析的任务就是解决"做什么"的问题,就是要全面地分析器材维护材料的各项要求,并准确地表达维护过程中对材料的需求。

2. 器材维护材料计划制定

（1）目标

器材维护材料计划制定首先需要明确的是维护材料的目标和要求,明确材料的适用范围。此外,还需要对材料的选择范围和标准进行筛选。

（2）预算

确定了维护材料的目标后,我们就要对这些材料进行费用预算。器材维护材

料预算应当建立在对实际情况进行科学预测和深入分析的基础上,编制费用预算。

① 进行市场调研,确定维护材料的种类、质量和价格。

② 编制预算,制定统一的经费预算管理制度,按照量入为出、保障重点的原则。

(3) 控制

将预算上报,按程序审批。

第三节　建立器材数据库

一、计算机数据库应用知识

计算机数据管理是指对数据的分类、组织、编码、存储、检索和维护。

数据库中的数据不只是面向某项特定的应用,而是面向多种应用,可以被多个用户、多个应用程序共享。数据库技术的主要目的是有效地管理和存储大量的数据资源,包括提高数据的共享性,使多个用户能够同时访问数据库中的数据;减少数据冗余,以提高数据的一致性和完整性;提高数据与程序的独立性,从而减少应用程序的开发和维护代价。

二、操作技能

(一) 建立器材数据档案

数据录入主要包括字符串录入、数值录入、日期时间录入等,Excel 会根据录入的数据格式,自动把它解释为一种特定的数据。

(二) 评估分析

根据建立的器材数据档案如人员结构、器材类型、器材数量等方面对器材进行分类管理,评估其合理部分及其缺点,并提出改进措施。

建立器材数据档案分析和评估的意义有以下几个方面。

1. 综合性

便于对体育场地的器材进行综合性的分析和论证。

2. 高效性

建立器材数据库后,避免了大量重复劳动,减少了数据错误的几率,从而大大降低数据处理成本。

3. 共享性

设立器材数据中心，把各部门的器材数据资源整合起来，集中管理，形成一个统一的利用平台，所有器材数据信息均通过数据中心对外服务。

4. 规范性

数据库规范了各部门的技术标准，对器材数据信息进行统一管理、统一形式、统一操作和统一利用，充分发挥器材数据库在信息管理、信息利用方面的作用。

【名词解释】

1. 器材鉴定：通过感官或仪器对体育器材的质地、可靠性等指标进行查验和甄别。
2. 器材评估：对体育器材性能、材质、价值等指标进行评价。

【思考题】

1. 简述制定体育活动器材布置的优化方案。
2. 简述制定器材布置疑难问题的解决方案。
3. 简述器材评估的内容。

第三章 专用设备操作规程

【学习目标】
1. 了解场地专用设备的配置与选型方法。
2. 制定场地专用设备安全操作规程。
3. 解决专用设备操作、维护过程中的疑难问题。
4. 组织并实施公共设备安全使用方案。

【知识要点】
1. 场地专用设备安全操作规程的制定方法。
2. 公共设备的操作规程。

第一节 专用设备的选型及安全操作规程的制定

一、专用设备的选型

（一）专用设备的配置与选型方法

① 按场地的功能进行配置与选型。
② 按场地的规模与等级进行配置与选型。
③ 按实际、实用、实惠的原则进行配置与选型。
④ 按新技术、新工艺、新设备的推广进行配置与选型。

（二）操作实例

以高尔夫草坪管理机械设备选型为例。

高尔夫草坪管理是根据草坪在不同季节、气候下的生长特性、生长状况，有计划地对草坪进行养护，包括草坪修剪、滚压、浇水、施肥、梳草、打孔、覆沙、补种及局部草坪更换，病虫害防治，杂草清除等，使各不同区域的草坪达到其使用功能，并保持草坪健康和美观。

在高尔夫球场，根据对各区域草坪的功能及养护要求的不同，管理所需的设备也不一样。以下介绍适合于果岭、球道区、过渡区（半长草区）、发球台、高草区、沙坑等各区域的各种机械及选购机械的数量。

1. 果岭

果岭是高尔夫球场最重要的区域，关系到球场经营的好坏。随着高尔夫运动的发展，打球者对果岭草坪的要求越来越高、球速要求越来越高，并且要求一个球场内的所有果岭区的球速基本相同，这就意味着，一个球场内的果岭区草坪，草的高度、硬度、弹性要非常接近，管理好果岭最重要的一点是选择一种合适的机械。

（1）果岭草坪的修剪及设备选购

影响修剪质量的因素有设备的平稳性、形状效果、刀具及剪切频率。

现在的球场都追求打球的难度及挑战性，不同区域的果岭有不同的起伏和坡度，在这种所有的区域修剪出更低并且高度一致的草坪，所用高尔夫草坪修剪机应有好的修剪精度、平稳性和仿形性。

① 果岭修剪机的选择原则：目前，市场上有多种品牌和型号的（车）坐骑式及手推自行式果岭剪草机可供选择，但要想选择一台称心的果岭机，除了考虑机械价格外，更应该考虑修剪质量、机械的性能、寿命及售后服务。

② 动力部分：发动机是果岭机的重要部分之一，应考虑到发动机的功率、运行的平稳性、噪音的大小、耗油量、使用的寿命。目前手推果岭草坪机的修剪宽度有 480 mm、560 mm、610 mm 几种常见规格，按滚刀的工作需要一般选择 4 马力左右的发动机比较经济。

③ 传动部分：单独就机械传动的效率来说，齿轮传动的效率最高，其次是链条传动，皮带传动效率最低。但齿轮传动会把动力源产生的振动最大地传给其他部位，更由于齿轮间有齿合间隙，并随着使用时的磨损逐渐加大，本身也产生振动，会直接影响修剪的精度。这种传动方式一般不被要求修剪精度高的果岭机采用。世界上的成型品牌都是在发动机输出部分采用短的双根皮带传动，滚刀及行走部位采用链条或齿形皮带传动，在有效地减小振动传导的基础上增加机械传动

效率。

④ 整体结构：影响修剪质量和修剪精度的主要因素除机械振动外，还有剪切频率（FOC）及结构的仿型设计（贴地性）等重要因素。一般果岭机的行走和滚刀是同步传动，果岭机的剪切频率是机型设计固有的，想改变修剪频率只能通过更换不同刃数的滚刀完成。前后滚轮的距离直接影响机械修剪时的贴地性能，前后滚轮的距离越小，贴地性越好，更能保证修剪高度一致，更不伤草皮。但是，前后滚轮的距离过近，就会导致出现机械摆头的现象，在不摆头的情况下各品牌的果岭机由于结构的不同设计的距离也不一样。比如，迪尔的220B果岭机前后滚轮的设计距离是297 mm，低于其他同类产品，修剪精细高，是美国高尔夫协会指定比赛专用剪草机。

⑤ 剪草部位：果岭机的剪草是通过圆柱形滚刀的旋转和固定的平直底刀之间的剪切运动来实现的，滚刀数一般为9刃和11刃。并非滚刀的刃数越多越好，总之，不能简单定论。

⑥ 数量选择：一般一台手推果岭剪草机能负责3个果岭的修剪。如果是9洞高尔夫球场，应考虑增加一台以上的备用设备。最低数量选购标准为18洞球场选用6台，9洞应选用4台。

(2) 果岭管理及设备选购

① 果岭的管理：果岭除草坪修剪外，其他的管理也非常重要，如果要使果岭草坪达到平整、有弹性、不板结，草坪草生长旺盛，就必须进行打孔、切根梳草、覆沙滚压、补播、小面积草皮更换和施肥打药的管理。

② 设备选购数量：果岭打孔机、覆沙及压辊机械，根据果岭面积的大小，一般球场选用1~2台，果岭机械均可用于发球台。施肥机一般选用手推施肥斗4~6台，打药一般用背负式或用打药车的附件打药架。

2. 球道区

球道区同样是高尔夫球场重要的区域，管理好球道区最重要的仍然是选择最合适的机械。

(1) 球道区草坪的修剪及设备选购

① 球道区草坪的修剪：球道区的修剪机械一般有三联和五联剪草机，由于球员的要求越来越高，球道区草坪的修剪精度也随之要求越高，剪草的高度一般在15~20 mm，国外有一些比赛球场剪草的高度只有9 mm。对修剪的平整度也有很高的要求。因此，球道区的剪草机应选用全液压传动的机械（包括滚刀的传动），

又因为球道区草坪会有起伏变化，所以选用剪草机械的单个滚刀的宽度不宜过宽，否则会影响草坪修剪的平整度。又因为球道区的面积比较大，所以球道区一般选用效率高，修剪精度高的全液压五联剪草机。这种剪草机的刀头要求能随着地形的变化而随地起伏。无动力拖挂三联及五联剪草机都达不到现在球场要求的剪草精度，转弯不灵活，会造成球道区草坪的损伤，这种机型不能用于球道。

② 球道区剪草机的选购：五联球道区剪草机每天正常情况下可修剪 3 个球道，按球道区草坪隔天修剪的频率，一个 18 洞标准高尔夫球场至少要配备 3 台五联球道区剪草机。如果用三联坐骑果岭剪草机，至少要 5 台。

(2) 球道区的管理设备及选购

① 球道区的管理：球道区的管理和果岭大致相同，同样包括打孔、切根梳草、覆沙滚压、补播、小面积草皮更换和施肥打药。球道区的面积比较大，管理的要求又不像果岭草坪那样严格，因此，球道区的管理设备应选择精度相对高，同时效率比较高的设备。

② 管理设备及选购：球道打孔机一般选用 1 500~2 000 mm 宽度的拖拉机挂载的垂直打孔机。拖挂滚动式打孔机虽然效率高，但对草坪的伤害很大，不利于草坪的恢复，这类打孔机不能在球道使用。打孔可分区作业，每个球场有 1 台打孔机就够用了。

切根梳草有滚刀剪草机负载式、拖拉机拖挂式及和补播机组合拖挂式，起草皮机应选用起草皮宽度在 300~400 mm 之间的机械，过宽会给修补草坪时带来困难。这类设备都可只配 1 台。施肥机一般选用效率较高的拖拉机挂载，施肥斗可根据拖拉机的数量来配。打药机是球场用来防治病虫害的设备。尤其是在夏季病虫害高发季节，打药的任务相当繁重，一般球场选用容量在 700~800 L，喷药宽幅在 5~6 m 的打药机，这样既效率高又不致压伤草坪。喷药的压力一般在 8 kg/cm^2 左右，这样既能将药液喷到草坪的根部，又不会随风上扬污染环境。18 洞球场一般选用至少 2 台的打药机，9 洞球场至少有 1 台。

3. 过渡区

过渡区草坪，又称为半高草坪。作用是明显地显出球道区及果岭，使球道和果岭界限分明，增加球场的美观。一般选用转弯灵活的三联滚刀剪草机。其他管理机械可用球道设备。

过渡区剪草机的选配数量应做到：9 洞高尔夫球场选用 1 台三联滚刀剪草机，18 洞高尔夫球场选用 2 台三联滚刀剪草机。

4. 发球台

在球场中发球台的重要性仅次于果岭。选用的草坪机一般是果岭机或是果岭机的改型。发球台的剪草高度高于果岭，在选择剪草机配置时应选用加厚的底刀，其他管理设备都可以使用果岭区用的机械。发球台剪草机的选购数量应根据球场发球台的面积而定，一般的18洞球场用4台剪草机，9洞球场用3台剪草机。

5. 高草区

高草区是球场果岭、球道区、发球台之外的绿化区，长草区的面积大，对修剪的要求相对要低。可用三联滚刀、三联旋刀或无动力拖挂三联及五联剪草机，边坡地带可用气浮式、手推剪草机及割灌机。打孔可用拖拉滚动式打孔机。高草区的面积、地形在每个球场都不一样，有的相差很大；球场管理的要求不同，高草区的修剪周期也有很大的差别。选购设备应根据以上的情况以及所选设备的效率来确定数量，一般的18洞球场选用三联滚刀剪草机2~3台，三联旋刀剪草机1~2台，气浮剪草机5台左右，手推剪草机5台左右，割灌机6台左右。9洞球场选用三联滚刀剪草机1~2台，三联旋刀剪草机1~2台，气浮剪草机3台左右，手推剪草机3台左右，割灌机3台左右。

6. 其他设备的选择

球场中除了以上设备外，还有配套使用的拖拉机、工具车、吹风机、清扫机和磨刀机械。

拖拉机在球场的使用范围比较广，主要是提供动力源，可挂接很多设备来作业，包括平整新建球场的土地、搅拌土层、剪草、打孔、覆沙和梳草等。拖拉机的选配，一般选用动力在40~60马力范围的拖拉机，拖拉机的重量应在1.6 t左右，最重不能超过2 t，这样既能保证拖拉机的拖动能力，也不至于压伤草坪。一般球场无论是9洞还是18洞至少要有1台，国内现有配4~6台拖拉机的球场，应根据情况选购。

工具车是球场必备的运输工具，宽大的草坪轮胎可在草坪上行走，根据球场的情况选配，一般球场应有2~6台。

吹风机可清扫沙坑及草坪上的树叶，一般选配3~5台。

清扫机是用来清扫各区域的草屑。果岭及发球台的清扫，一般使用手推型清扫机；球道区及其他区域的清扫，一般选用车式或拖挂式。一个球场有1~2台清扫机就可以了。

磨刀机械是球场必备的设备，磨刀是保证设备刀具锋利，保证修剪质量的关键。磨刀机分两种，一种是果岭倒磨用的倒磨机，一种是磨滚刀及底刀的磨刀床，每个球场应各配备1台。

球场的养护中，可根据情况选购设备。一般球场养护选择品牌设备，虽然新购设备成本较高，但设备的性能、效率高，寿命长，在使用中不会因设备漏油烦恼，也不会因设备经常出现问题耽误正常的草坪养护工作。设备的选购可根据球场的情况，根据使用的先后顺序分批购买，首先应购买球场的修剪机械、拖拉机、打药机等机械，打孔、梳草等机械可在后面使用时购买。球场设备的选购数量应根据球场的面积、地形等情况灵活选购。

二、场地专用设备安全操作规程的制定

（一）安全操作规程的制定方法

1. 相关设备技术信息、操作要领的收集与分析

在制定操作规程以前，首先应对相关设备的技术信息进行收集与分析，了解与掌握设备的性能、结构、操作方法与要点、安全要求、常见故障及排除方法、应急处置预案等，以便于我们在制定安全操作规程的时候充分考虑这些因素。

2. 体育场地工岗位分工与职责的分析与确定

在制作安全操作规程以前，我们首先要明确设备由谁来操作，如何操作、操作者的责任与义务。尤其是对比较复杂的专用设备，更要分工细致、责任明确，使不同等级的场地工对自己操作的内容、范围、责任有细致的了解。

3. 制定安全操作规程的格式与要点

（1）专用设备安全操作规程撰写的格式（表3-1）

表3-1 专用设备安全操作规程的撰写

序号	题目	××设备安全操作规程
1	目的意义	为加强××设备的安全管理，提高体育场地工规范操作的意识与能力，加强安全防范，搞好安全生产，提高工作效率和服务质量，维护设备的良好状态，提高设备的利用率，延缓设备的使用寿命，节流降本，特制定本规程
2	操作要求	（1）资质要求：对操作者工种等级、专业资质做出限定 （2）操作程序：依次操作的步骤 （3）动作要领：每步骤的标准动作 （4）注意事项：对重点步骤和动作、易违规的步骤和动作进行提示强调

续表

序号	题目	××设备安全操作规程
3	安全要求	(1) 安全要点：对安全要点进行重点提示 (2) 安全规定：对有可能引发安全的问题做出明确规定，如"不准……"、"不得……" (3) 奖罚措施：对遵守安全规程的优秀者进行表彰，对违规操作乃至造成事故者给予严厉的处罚
4	责任认定	明确岗位责任人和主管责任人
5	结束语	以上规程，请各位员工遵照执行

(2) 制定专用设备安全操作规程的要点

① 规程的要点在操作要求和安全要求上，要写实写细，力求具体。

② 对技术和安全要素的考虑要全面细致，不留漏洞。

③ 语句通顺，简洁易懂。

④ 与安全操作的责任人和管理责任人签订"安全操作责任书"，提高意识，增加责任感。

4. 场地设备应急处置方法

根据故障的种类和严重程度采取应急处置措施。

(1) 切断电源或紧急制动，停机检查。

当专用设备出现下列情况时，应切断电源或紧急制动，停机检查，如设备的温度异常、焦烟、打火、明显震颤、部件断裂、运转受阻、电气的异常亮光或闪烁等。

(2) 紧急报告，请示处理意见。

设备因突发情况停止运转，须立即向主管部门报告，确定处理方式。在上级的意见尚未下达前，采取应急补救措施，把损失或影响降到最低，同时为下一步处置做准备。

(3) 与110、120及水、电、气等公共应急处置单位或部门联系。

设备运转中如出现火灾、严重伤亡等，应立即拨打火警或急救电话；对涉及水、电、气等公共设备的重大故障，应与相关部门联系水、电、气停止或恢复供应。

(4) 火灾、触电等故障的初期应急处置。

① 对初起火灾进行扑救：对初起的火灾，应立即组织消防队员进行扑救。在

组织中应做到紧张、有序、及时、适当,并注意人身安全的保护。在消防部门赶到以前,应坚守阵地,尽量控制或消灭火情。若火情过大,应有序地组织疏散,控制外围,为专业消防人员和设备进场开通通道。

② 对触电人员进行断电和现场抢救:发生触电事故后,应立即关闭电源并组织对触电者采取急救措施,直至医务人员赶到。触电急救原则包括迅速、就地、准确、坚持。

迅速:即争分夺秒使触电者脱离电源。

就地:即必须在现场附近就地抢救,千万不要长途送往医院抢救,以免耽误抢救时间。从触电时算起,5分钟以内及时抢救,救生率90%左右;10分钟以内抢救,救生率60%;超过15分钟,希望甚微。

准确:即人工呼吸法的动作必须准确。

坚持:即只要有百分之一的希望就要尽百分之百的努力去抢救。

人工呼吸触电急救法

A. 胸外心脏按压法:(图3-1)心脏按压是用手掌根有节律地按压胸骨下部(位置在心窝口的稍上方),间接压迫心脏,排出血液,然后迅速抬手,让胸骨复位,心脏舒张,接受回流血液,利用人工挤压维持血液循环。

B. 人工呼吸法:将触电者头部后仰,使嘴张开,然后口对口吹气,使气体有节律地进入触电者肺部,再排出体外,使触电者获得氧气,排出二氧化碳,人为地维持呼吸功能。

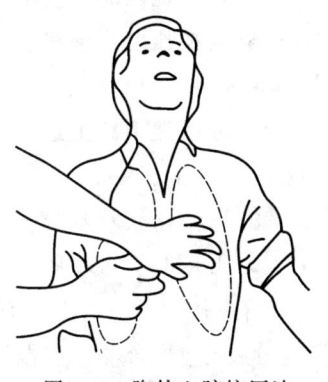

图3-1 胸外心脏按压法

此外还有摇臂压胸呼吸法、俯卧压背呼吸法等方法。只要有一丝希望,就应在第一时间全力抢救,以挽回触电者的生命。

③ 对未受损失的贵重物品进行抢救:事故发生后,第一是保证人的生命安全,第二是在确保安全的基础上尽可能地抢救一些贵重物资,减少集体财产的损失。

④ 对现场进行保护:事故发生后,在紧急处理进行消、控的同时,应尽可能地保护事故现场,以便专家和有关部门现场调查、取证,分析事故原因和责任。

(二)操作实例

体育场馆专用设备种类繁多,体育场地工需要结合自己的工作在实践中掌握本节主要介绍压路机的安全操作规程：

1. 目的意义

为加强对压路机的安全管理，提高场地工安全意识，规范压路机的操作行为，为田径、网球等场地的维护、保养提供保障，特制定本规程。

2. 操作要求

压路机的操作者必须具有中级以上场地工资质，且持有三机驾驶证书。

3. 安全操作规程

① 作业时，压路机应先起步后才能起振，内燃机应先置于中速，然后再调至高速。

② 变速与换挡时应先降低内燃机转速，使离合器分离。

③ 严禁压路机在坚实的地面上进行振动。

④ 当土的含水量超过30%时不得碾压，含水量少于5%时，宜适当洒水。

⑤ 工作地段的纵坡不应超过压路机的最大爬坡能力，横坡不应大于20°。

⑥ 变换压路机前进、后退方向时，应待滚轮停止后进行，不得利用换向离合器作制动用。

⑦ 在新建道路上进行碾压时，应从中间向外侧碾压，碾压时，距路基边缘不应少于0.5 m。

⑧ 碾压松软路基时，应先在不振动情况下碾压1~2遍，然后再振动碾压。

⑨ 碾压时，振动频率应保持一致。对可调振频的振动压路机，应先调好振动频率后再作业，不得在没有起振情况下调整振动频率。

⑩ 换向离合器、起振离合器和制动器的调整，应在主离合器脱开后进行。

⑪ 上、下坡时，不得使用快速挡，下坡时不得空挡滑行。在急转弯时，包括铰接式振动压路机在小转弯绕圈碾压时，严禁使用快速挡。

⑫ 压路机在高速行驶时不得接合振动。

⑬ 停机时应先停振，然后将换向机构置于中间位置，变速器置于空挡，最后拉起手制动操纵杆，内燃机怠速运转数分钟后熄火。

⑭ 作业后，应将压路机停放在平坦坚实的地方，并制动住，不得停放在土路边缘及斜坡上，也不得停放在妨碍交通的地方。

⑮ 严寒季节停机时，应将滚轮用木板垫离地面。

⑯ 压路机转移工地距离较远时，应采用汽车或平板拖车装运，不得用其他车辆拖拉牵引。

4. 管理与责任

① 压路机由驾驶员实施管理，外场组组长为第一安全管理责任人。

② 外场组组长负责编制压路机的使用计划，指定操作人员，组织维护保养。

③ 外场组对有操作资质的人员应定期组织培训，加强业务指导，签订安全工作责任书。

④ 压路机驾驶员在工作中应严格遵守安全操作的规定，提高安全意识，防止发生人为因素造成的操作事故。

5. 奖惩制度

① 全年安全无事故，按规定办法发安全奖。

② 连续5年安全无事故，根据其工作表现，经民主评议，可推荐为"安全标兵"，并享受由体育中心给予的物质奖励。

③ 因管理、操作不当造成一般性事故，情节较轻的，扣除外场组组长和当事驾驶员的月奖、30%季度奖、10%年度奖。情节较重的，按比例追扣赔偿金。

④ 因管理、操作不当造成重大事故的，经有关部门处理后，取消当事驾驶员全年奖金；扣除外场组组长50%季度奖和30%年度奖；情节较重的，按比例追扣赔偿金。

以上安全操作规程，请遵照执行。

三、解决专用设备操作、维护过程中的疑难问题

体育场地设备的种类繁多，除了大型体育中心外，一般体育场地很少配备专业管理部门对场馆设备进行管理，大多数由场地工使用、管理或兼顾。所以，体育场地工要做"万金油"，用好、管好体育场地的设备。那么，对体育场地设备操作、维护过程中的疑难问题如何解决呢？应按下述步骤进行。

（一）分析问题

对设备的性能、结构、体育场地的使用要求等技术性问题进行分析，找出问题的关键点和与体育场地的结合点。

（二）明确问题

在分析的基础上明确问题，并根据问题的实质、难点及要求提出解决问题的

方案。方案可以是一个，也可以预备几种方案进行讨论，从中确定一个或数个方案进行尝试。

（三）解决问题

在解决问题时应注意从外到内、从简单到复杂、从局部到整体循序渐进的推进方法，可以进行一些试验性操作，特别要注意操作的细节，切莫急躁、粗心，要按方案、按步骤逐步解决。

（四）操作实例

以速度赛马马闸的就位和撤离为例。

速度赛马马闸是比赛的出发设施，由闸箱、运动体、启动装置等组成。马闸的高度约 2.5~3 m，长度一般在 20 m 以上，根据闸箱配置的多少来决定。马闸是一个巨型的设备，庞大而又笨重，由拖拉机牵引，在速度赛马开始之前就位。比赛进行时，当一组马匹和运动员出发后，应立即撤离跑道；上一组比赛结束后、下一组比赛进行前要使其复位，操作时间不到 10 分钟。赛道的宽度一般不足 30 m，出入口在赛道围栏上，比赛时必须关闭。要在 10 分钟之内把这样一个巨型设备牵引至赛道，而且需按要求停放在赛道中间，并与赛道弧线的切线垂直，难度是相当大的。

（1）分析问题

马闸就位和撤离的难点在于闸体的庞大、操作场地的狭窄以及时间的紧迫。

（2）明确问题

操作难点的关键是牵引人员技能的熟练程度和设备性能的良好状态。因此，加强对牵引人员技能的培训和对设备的维护是解决问题的最好途径。

（3）解决问题

① 对牵引人员进行技能培训：先找一块开阔的场地，模拟赛道实际尺寸设置标志。牵引人员在训练中应掌握启动、拐弯、进、退等操作的重要环节，要熟练到每一个动作干净利索，没有重复，无需修改。然后进入赛道进行实地训练，要连续 10 次操作均符合要求才能为比赛服务。

② 对设备进行精心维护：对牵引车和马闸进行维护，特别是保持运动体的灵活性，牵引车与马闸的结合部既要灵活，又要便于开启。

经过一段时间有针对性的训练，马闸就位和撤离的难题就能得到解决。

第二节　公共设备安全操作规程和使用方案的制定

一、公共设备安全操作规程的制定

(一) 公共设备安全操作规程撰写的格式 (表 3-2)

表 3-2　公共设备安全操作规程的撰写

序号	题目	××设备安全操作规程	
1	目的意义	为加强××设备的安全管理，提高体育场地工对公共设备识别、兼管的能力，加强安全防范，搞好安全生产，特制定本规程。	
2	操作要求	(1) 资质要求：	对操作者工种等级、专业资质做出限定
		(2) 操作程序：	① 识别设备的功能 ② 开启和关闭设备 ③ 设备运行状况的判断
		(3) 注意事项：	对重点步骤和动作、易违规的步骤和动作进行提示强调
3	安全要求	(1) 安全要点：	对安全要点进行重点提示
		(2) 安全规定：	对有可能引发安全的问题作出明确规定，如"不准……"、"不得……"
		(3) 奖罚措施：	对遵守安全规程的优秀者进行表彰，对违规操作甚至造成事故者给予严厉的处罚
4	责任认定	明确岗位责任人和主管责任人	
5	结束语	以上规程，请各位员工遵照执行	

(二) 制定公共设备安全操作规程的要点

① 对体育场地工应该具备的公共设备兼管责任要分清，掌握好尺度。
② 对技术和安全要素的考虑要全面细致，不留漏洞。
③ 语句通顺，简洁易懂。
④ 与安全操作的责任人和管理责任人签订"安全操作责任书"，提高意识，增加责任感。

（三）操作实例

以消防自动报警系统操作规程为例。

1. 目的意义
为加强消防自动报警系统的安全管理，明确职责，规范操作，特制定本规程。

2. 操作要求
消防自动报警系统的兼管应是具备中级以上资质的场地工。

3. 操作规程

（1）当火警警告发生时

现场值班人员必须到现场查看，以确定是否有火警，当确定是有火灾时，应先进行扑救或报警。

（2）火警解除后

做好火警警告记录，再按主机面板上的"消音"和"复位"键进行复位。

（3）当故障警告发生时

① 消音：按主机面板上的"消音"键进行消音。

② 做好故障警告记录：从主机面板上抄下故障发生时间、地点、区号、点号及是什么故障。

③ 故障的隔离：先按下面板的"区域"键输入故障的区号，再按下"探测器"键输入点号，最后按下"隔离"键，进行隔离。

④ 故障的排除：报专业维修人员进行故障排除。

⑤ 故障后的恢复：当故障处理完后进行恢复，先按下面板的"区域"键输入故障的区号，再按下"探测器"键输入点号，最后按下"恢复"键，进行恢复。

（4）消防自动报警系统在特殊情况下停电操作

先断开主机内的蓄电池电源，再断开消防主电。恢复时应先开启消防主电，再开启主机内的蓄电池电源。

4. 安全操作的有关规定

① 值班人员不得擅离职守，保证火警警告发生时及时进行现场处理。

② 按程序和操作要求实施兼管，不得私自拆卸维修。

③ 对消防自动报警系统的运行状态要掌握和了解，发生问题及时报告。

5. 奖惩制度

① 对值班时间不在位者给予批评教育，连续3次后给予书写书面检查，扣除

当月奖金的处罚。

② 对因擅离职守而造成的损失，视其情节，给予通报批评、经济处罚，直至追究法律责任。

③ 对私自拆卸设备导致设备损坏的，视其情节，给予批评教育和经济处罚。

以上规程，请遵照执行。

二、组织并实施公共设备使用方案

1. 掌握和了解使用方案的内容，对目标、计划、人员、分工、安全管理、操作要求等要进一步分解、细化，使其指标化、数据化、标准化。
2. 编写使用方案的落实计划，把方案中的每一个要点落到实处。
3. 组织员工进行岗前培训和业务学习，提高他们的业务素质和操作技能。
4. 进行岗位分配和责任认定，与每一个责任人签订安全操作责任书。
5. 检查设备的使用及员工的操作情况，发现问题及时给予指导和纠正。
6. 对操作中的疑难问题进行分析和研究，寻找解决问题的途径，制定解决问题的方案。
7. 对员工的操作进行验收和讲评。
8. 将设备操作方案的落实情况向主管部门报告。

【名词解释】

1. 设备选型：按场地的功能、规模与等级进行合理配置。
2. 操作规程：正确操作设备的依据、准则和规范。

【思考题】

1. 简述制定场地专用设备安全操作规程的方法。
2. 简述解决专用设备操作、维护过程中疑难问题的方法。
3. 简述制定并实施公共设备安全操作规程的要点。

第四章 高级体育场地工培训指导与监督管理

【学习目标】
1. 能够对高级体育场地工进行业务培训和技术指导。
2. 能够根据体育场馆的岗位职责和管理要求，对高级体育场地工实施岗位监督和管理。

【知识要点】
1. 高级体育场地工技术指导的要点、方法以及注意事项。
2. 高级体育场地工培训教案的内容与编写方法。

第一节 高级体育场地工培训和指导

一、培训与指导知识

（一）编制培训计划的要求及方法

1. 根据培训目标，编制培训计划

必须根据培训对象的培训目标来编制培训计划。培训计划应包括目标、大纲、内容、考核办法、课时比例等。

2. 科学设计教学进度、精心安排教学内容

在制订培训计划时要注意教学进度的设置和教学内容的安排，保证教学环节的循序渐进和完整统一；另一方面要精心安排教学内容，使教学内容前后衔接，由浅入深，相互联系。

3. 注重因材施教，突出针对性

编写计划前应了解学员的专业理论知识水平和操作技术技能掌握情况。比如在学员中，有的基础较好，专业知识较为巩固，操作技能较为娴熟，他们接受新知识和新技术也一定较快；但有的受年龄、文化、相关工作环境等限制，与前一种学员相比基础较差，接受新知识和新技术也会较慢。这就需要区别对待，根据学员的不同情况分别制订计划，突出针对性。

4. 合理配置设备，保证培训条件

在编制计划前必须了解培训的教室、场馆、器材、设备等是否符合培训的要求，合理配置，保障培训的顺利进行。

（二）编写教案的要求与方法

1. 研究培训目标，确立教学目标

编写教案前，首先应该认真学习和深刻理解培训目标，根据培训目标确立教学目标。教学目标要具体、可行、可操作。如培训高级工，就要明确高级工应达到的理论水平和操作技能要求，以此为核心确立培训高级工的教学目标。明确哪些内容要求学员必须熟练掌握，哪些内容只要求学员了解知晓；哪些技能要求学员必须熟练操作，哪些技能只要求学员一般掌握。在此基础上围绕教学目标，设定课时和内容，编写符合培训计划并切实可行的教案。

2. 精心设计教学程序

教案是教师对课堂教学程序的设计。设计程序的目的是为了预先体现教学情景，以便教师能实施规范有序的教学过程，实现预定教学目标，也便于进行教学总结。但教学程序只是课堂教学的设计思想，在实际教学过程中，应根据教学情况、学员特点和掌握运用知识的情况灵活运用，必要时可进行一些即时修改。

3. 明确课堂教学目标

为使培训总体目标得以实现，必须在课堂教学设计中体现每一个教学目标。因此在准备培训时，必须严格按照培训计划制定教案，确定课堂教学目标。

4. 合理安排教学内容

如何科学地安排好每堂课的教学内容，是备课时一个十分重要的设计环节。一堂课应该安排哪些教学内容，这些内容是否符合培训计划，是否与教程一致，应该安排多少内容，如内容安排过多，要么因时间不够完不成计划，要么草率了事达不到教学目的。内容还包括教学重点、难点、举什么例子等，这些都要周密

安排好。

5. 选择恰当的教学方法

在教案撰写时，根据本堂课的教学内容设计何种教学方法是十分重要的。除了需向学员讲清楚本堂课的教学目标、内容、步骤和要求外，在培训中可采用导入法、视听感知法、互动提问法等多种教学方法。

（三）指导要点

对学员进行技能指导是高级场地工培训的重要组成部分。它既关系到体育场地工培训质量，又关系到培训对象在培训结束后，能否在本单位体育场馆管理中起到骨干作用。在培训中应特别重视技能操作指导。为使技能操作指导能达到培训要求，在培训中应努力做到以下几点。

1. 了解学员的特点

① 工作经验较为丰富：学员一般具有数年以上工作经历，管理经验较为丰富。

② 操作技能较为娴熟：学员已参加过多次体育场地工的培训和考核，专业知识较为巩固，有多年在第一线操作的实践经验，操作技能也较为娴熟。

③ 学习热情较高：他们渴望通过对高、难、新操作技能的学习、培训，提高自己在实践中解决疑难问题的能力。

2. 明确指导的要点

根据高级场地工学员的特点，在操作技术指导时，应掌握以下几个要点。

（1）做好示范操作的准备

在实施指导前应严格按照要求，制订周密的指导计划，让学员明确具体的学习任务，抓住学员对新技术、新技能的学习欲望，激发其自觉学习的积极性；要确定教员指导的方法，因为技能操作指导课常采用分组练习方法，可能是几位教员同时参与分组指导，参与指导的教员在技能操作上动作、程序要规范一致，避免出现不同的指导方法，引起学员理解上的混乱。

（2）选择合适的实训场所和工具

在操作技能指导课之前，应充分准备好指导需用的操作工具、器材、设备、场馆等，使技能操作训练环境与实际工作环境相近，让学员有身处工作现场的感觉，使其尽快进入角色。

（3）注意操作演示的有效性

应将讲解技术要领与示范操作紧密结合，关键的操作步骤还要演示得细、慢、精，要边讲解边操作，使学员能充分领会操作要领，为其练习操作打好基础，从而能够取得理想的指导效果。

（4）操作规范性、示范性

演示动作必须具有规范性和示范性，不可将一些不规范、不正确的操作在指导课上随意演示，尤其是操作要点、难点，更要做到规范、正确。

3. 注意事项

为使指导达到预期的目标，在技术指导时应注意以下几个方面。

（1）做好指导的周密准备

① 熟悉指导内容：在实施指导前应熟练掌握施教内容，需要讲解的技术要领必须十分熟悉，准备演示的操作技术必须规范、标准、娴熟。如果拟请他人协助示范，应对其进行培训，使助教者明确要求，配合默契。

② 准备实训教具：做好周密准备工作，布置有关人员将教学指导所需的教具、器材等及时摆放到位，提高培训的有效时间。

③ 实训分组练习：分组练习时应注意每组的人数不宜过多，以保证每位学员都有充分实际操作的机会。

（2）明确学习要求

对学员提出明确的学习要求，使学员带着问题听取讲解、观看演示，尽可能运用多种感官来进行感知，以获得较深的学习印象。

二、培训指导操作技能

（一）编写教案（基本内容见教案样本）

1. 填写一般项目

制定教案时首先将课程名称、培训时数、培训班级、培训主题、采用教材、参考文献等认真填写清楚。

2. 设定教学目标

教学目标的设定要根据教学大纲、教材以及学员的实际情况，注重知识掌握、智力发展和技能形成。

3. 把握重点与难点

通过对教学大纲、教材和主要参考资料的研究和分析，确定培训重点与难点。

4. 设计教学过程

设计是教案的主体部分,设计既按教学活动的逻辑程序,又分出若干环节或步骤,并考虑各部分的时间分配、具体方法和辅助手段的应用。

(二) 实施理论培训

(1) 在课前编写教案的基础上系统地讲授基础理论。

(2) 根据学员课堂掌握理论知识的情况,提出问题让学员进行充分的讨论。

(3) 分析典型案例巩固深化理论知识。

(4) 安排课后自学内容,适当布置一些作业,并根据学员掌握情况进行讲解或个别答疑辅导,以巩固所学的理论知识。

培 训 教 案

课 程 名 称_____

授 课 教 师_____

授 课 班 别_____

培训时间:　　　　年 月 日至　　　年 月 日

课程名称		教材名称（作者、出版社及出版时间）	
培训主题(章节)		学时	教学地点

教学目标与要求：

主要知识点、重点与难点：

教学方法（请打√选择）：
讲授法□ 讨论法□ 演示法□ 练习法（习题或操作）□ 案例法□ 其他□

教学媒体（请打√选择）：
教材□ 板书□ 实物□ 挂图□ 模型□ CAI（计算机辅助教学）□

教学过程设计（包括讲授内容、讲授方法、时间分配、媒体选用、板书设计等）

提问、课堂讨论等师生互动的设计：

教学小结、复习思考及作业题布置：

参考资料（包括辅助教材、参考书、文献等）：

教学小结（即教学实施情况总结分析）：

三、操作指导

操作指导是体育场地工培训的重要环节，通过指导使学员能掌握操作技术的基本方法，以提高他们的操作技能。

（一）讲解示范

学员在学习操作技术时，首先应清楚讲解基本操作要领和操作原理，在此基础上再将操作步骤向学员进行演示。演示时一定要注意让每个学员都能看清楚操作步骤，观察到操作全过程，对操作技能形成初步印象。示范后通过提问，了解学员对技术操作的理解程度，再请学员进行练习，以便确认学员是否掌握。如有

学员掌握操作要领有困难，教员应反复讲解示教，直到大部分学员掌握为止。

（二）综合训练

在讲解、示教后，安排学员进行实际操作训练，要求学员严格按照讲解和示教的程序进行反复演练，使学员通过演练逐步掌握基本操作要领，并逐渐达到熟练程度。实训要在教员的指导下进行。在学员练习时，教员应观察学员对技能操作的理解和接受情况，观察学员操作程序是否得当、关键步骤是否准确。分析学员在操作中存在的问题，指出错误形成的原因，直至学员掌握操作技能，以达到培训指导目标。

（三）重点指导

对一些难、新操作，应注意观察学员的练习情况，重点指导、反复练习，使其通过学习、练习，提高在实践中掌握高难技术的能力。

第二节 体育场地工岗位职责的监督与管理

一、体育场地工的岗位职责和管理要求

（一）熟悉岗位的职责和内容

体育场地工技师应该熟悉不同岗位、不同等级场地工的职责，了解工作任务、工作内容，熟悉各种操作技能。

（二）掌握体育场地工岗位管理的基本要求

根据不同岗位、不同等级场地工的职责和内容，对他们进行技术管理，达到合理配置和规范操作的要求。

二、体育场地工岗位设置和分工的基本要求

合理设置岗位是实行人员聘用制度的基础，建立适时有效的岗位管理机制，能促进体育场馆的发展。

（一）按需设岗

按照工作任务和工作要求设置岗位。根据工作性质确定岗位类型，根据工作任务确定岗位名称，减少岗位之间的交叉，增强岗位之间的协调。

（二）突出重点

严格控制管理岗位比例，侧重专业技术岗位。根据体育场馆各部门岗位责任的大小、操作的重要和复杂程度，设置岗位。

三、体育场地工业务考核的分类、内容、形式与方法

（一）考核的分类

考核一般分为录用考核、转正定级考核、上岗转岗考核、等级考核。凡需调换岗位或者操作新的先进设备前，都应经过技术业务培训和考核，经考核合格后方能上岗。

（二）考核的内容

考核包括思想政治表现、工作业绩和业务水平。

思想政治表现的考核主要包括遵守宪法、法律和国家政策以及本单位规章制度，职业道德和劳动态度。

工作业绩的考核主要包括完成工作任务的数量、质量，解决工作中技术业务问题的成果，传授技术、经验的成绩和安全生产情况。

业务水平的考核应按照《技术等级标准》进行技术业务理论（应知）和实际操作技能（应会）考核，以实际操作技能考核为主。

（三）考核的形式与方法

考核应将平时、阶段性和年终考核相结合，理论考试与实际操作考核相结合。

四、操作技能

(一) 体育场地工岗位设置与分工的合理化建议

1. 岗位设置简练化

体育场地工的岗位设置应本着低成本、简练化的原则,根据岗位要求和实际工作的内容及劳动强度进行分工,使场地工的岗位职责多样化、复合化。

2. 岗位设置层次化

岗位设置的时候,对承担的责任进行划分,不同等级的场地工,按照其技能掌握的程度和工作环境的需要,每一个相应的岗位都要有相应的责任,岗位设置之间的责任不交叉、没有空白。

3. 岗位设置系统化

体育场馆的规范化管理体系是一个完整的系统,场地工的岗位设置要和体育场馆各部门协调一致,形成一个完整的系统。

(二) 体育场地工履行岗位职责的检查与监督

1. 常规检查与监督

对场地工履行岗位职责的情况进行常规性检查,包括考勤、考评、巡视等。

2. 重点检查与监督

在接受重大赛事和活动期间,对场地工履行岗位职责的情况进行重点检查。

3. 专项检查与监督

根据实际工作情况和上级领导的要求,对体育场地工进行专项检查与监督,包括安全检查、卫生检查、考勤检查、技能操作的检查等。

(三) 组织实施体育场地工的业务考核

1. 理论知识考核

理论知识考核分为笔试和口试两种。
(1) 考前应组织考核对象集中学习和辅导,明确考核内容、方式和注意事项。
(2) 考试的过程应该公平、公正,确保考试过程规范化。
(3) 考试结束后及时总结、点评,明确问题,及时纠正和提高。

2. 操作技能考核

操作技能考核分为实操和口试两种。

(1) 实操

① 将可以进行实操考核的项目分项、分组。

② 准备实操考核的场地、器材、设备。

③ 实操考核过程的现场控制。

④ 考核结束后及时点评。

(2) 口试

① 将不易进行现场操作的考核项目进行分项、分组。

② 组织口试考核小组。

③ 口试过程中的陈述与答辩。

④ 口试结果的点评。

(3) 工作业绩考核

① 对场地工的工作态度进行评定。

② 对场地工的工作量进行评定。

③ 对场地工的操作难易程度和安全度进行评定。

④ 对场地工承担重大任务的级别和数量进行评定。

⑤ 对场地工获得奖励的等级和数量进行评定。

(4) 建立考核档案

① 按照考核时间和分类对考核结果建档。

② 对考核结果进行分析和总结。

③ 及时上报考核结果。

【名词解释】

1. 教案：职业培训教师使用的课时计划和讲稿。
2. 业务考核：对就业者或在职人员进行的理论考试与操作技能考核。

【思考题】

1. 简述制定一份高级体育场地工培训教案的要求与方法。
2. 简述组织实施体育场地工的业务考核的形式与方法。

第五章 技术研究与改造

【学习目标】
1. 掌握收集文献资料的方法。
2. 能够撰写技术总结。
3. 能够提出技术改造与推广的合理化建议。

【知识要点】
1. 收集资料的方法。
2. 专业文献资料的分析与整理。
3. 技术总结的撰写。

第一节 专业技术文献、资料收集和分析

一、资料收集与综述

资料收集对体育场地工的技术研究来说十分重要，而且是必不可少的。因为要想知道别人做了些什么，或者正在做什么以及他们是怎样做的，都必须查找相关资料。

（一）收集资料的方法

众所周知，资料通常可分为事实资料和文献资料。对于技术研究来说，事实资料更凸显出它的意义和价值。收集事实资料的常用方法有观察法、问卷（调查）法、访谈法等。

1. 观察法

观察法是指在自然状态下,根据预定的目的、计划,对对象进行观察,并记录、分析有关感性资料的一种收集资料的方法。它是技术研究中最基本、最普遍、最直接的方法,如对场地的清洁与保养、器材的维修、设备的新旧损耗等方面问题都需要通过观察法来收集资料。

2. 问卷法

问卷法是指以书面提出问题的方式收集资料的一种研究方法。这种方法主要用统一设计的问卷,要求研究对象做出填答,从而获得被试者对某一现象或问题的看法和意见。如群众对体育场地的有关评价、体育场地服务中存在的问题进行调查、体育场地器材、设备使用的现状,不同的体育活动对场地、器材、设备选择的异同等问题都可使用问卷法。

在使用问卷法收集资料时,应注意以下几点。

(1) 题量要适当地多一些

由于问卷法容易受社会变量的影响,题量太少,容易导致答案失真。因此,问卷应从不同角度多出一些题目,以检验被调查者回答的一致性。

(2) 问题要便于被试者回答

问题设计要与被调查者的背景与环境等相适应,并能引起他们积极回答的兴趣。

(3) 尽量采用封闭式与开放式相结合的综合形式

封闭式试题要按标准化测试的原则进行编拟;开放式问题应具有启发性,有利于被试者回答。

(4) 应采取匿名回答。

3. 访谈法

访谈法是通过研究者与被研究者的直接接触、直接交谈的方式来收集资料的一种研究方法。这种方法与其他方法相比,有其独特的重要功能,如与观察法相比,访谈法可以直接了解到受访者对体育场地、器材、设备等使用过程中存在的问题;与问卷法相比,访谈法可以直接询问受访者本人对体育场地、器材、设备等的看法,并提供机会让他们用自己的语言和概念来表达其观点。

访谈法的运用过程主要包括以下几点。

(1) 设计访谈提纲

无论是哪一种形式的访谈,一般在访谈之前都要设计一个访谈提纲,明确访谈的目的和所要获得的信息，列出所要访谈的内容和提问的主要问题。

（2）恰当进行提问

要想通过访谈获取所需资料，对提问有特殊的要求。在表述上要求简单、清楚、明了、准确，并尽可能地适合受访者。

（3）准确捕捉信息，及时收集有关资料

（4）适当地作出回应

访谈者不只是提问和倾听，还需要将自己的态度、意向和想法及时地传递给对方。

（5）及时作好访谈记录，一般还要录音或录像

为了使访谈能够有效地顺利进行，还应注意以下几点。

① 一般事先应对访谈对象有所了解。

② 一般要尽可能自然地结合受访者当时的具体情形开始访谈。

③ 访谈的问题应该是由浅入深、由简入繁，而且要自然过渡。

④ 在有充分准备的前提下，为避免谈话跑题，有时需要适当的调节和控制。

⑤ 无论是提问还是追问，问的方式、内容都要适合受访者。

⑥ 在回应中要避免随意评论。

⑦ 要特别地注意在访谈中自己的非言语行为。

⑧ 要讲究访谈的结束方式。

除了事实资料之外，还有文献资料的收集。文献资料收集的目的是使研究者及时而准确地获得所需要的文献，要达到此目的，就必须采用科学的步骤和方法。

4. 文献检索的程序

（1）分析问题，明确查找要求

即明确所需的文献内容、性质、水平等情况；然后确定检索的范围。主题概念越准确、学科范围越具体就越有利于检索。

（2）选择检索工具

检索工具有印刷版的《全国报刊索引》、《报刊分类索引》等；电子版的数据库有《中文科技期刊数据库》、《中国期刊全文数据库》、《中国期刊题录数据库》和《中国专利数据库》等。

（3）确定检索策略、途径和方法

即根据检索分析的结果，制定出一个合理的检索方法，使实行的检索行动有目的、有计划和有步骤地进行。如在哪个图书馆查、用印刷版索引还是用数据库以及核心期刊和时间段的选择等。

(4) 索取原始文献

这是整个检索过程中的最后一步，即根据查到的文献线索，查找原始文献的收藏地，借阅复印或下载打印等。

5. 文献检索的途径

检索工具有多种索引，可以提供多种检索途径。查找文献资料可根据文献的不同特征，从各个角度查找。如文献的外表特征（题名、责任者、出版社等）或内容特征（分类、主题、关键词等），数据库的检索方法是在字段处限定检索途径，如篇名、作者、关键词、机构、中文文摘、引文、中文刊名等，然后按限定的途径录入检索词。一般来讲，检索途径可以分为以下4种，即分类途径、主题途径、著者途径和其他途径。

(1) 分类途径

分类途径是指按照文献资料所属学科（专业）类别进行检索的途径，它所依据的是检索工具中的分类索引。

分类途径检索文献关键在于正确理解检索工具的分类表，将待查项目划分到相应的类目中去。一些检索工具如《中文科技资料目录》是按分类编排的，可以按照分类进行查找。

(2) 主题途径

主题途径是指通过文献资料的内容主题进行检索的途径，它依据的是各种主题索引或关键词索引，检索者只要根据项目确定检索词（主题词或关键词），便可以实施检索。

主题途径检索文献关键在于分析项目、提炼主题概念，运用词语来表达主题概念。主题途径是一种主要的检索途径。

(3) 著者途径

著者途径是指根据已知文献著者来查找文献的途径，它依据的是著者索引，包括个人著者索引和机关团体索引。

(4) 其他途径

其他途径包括利用检索工具的各种专用索引来检索的途径。专用索引的种类很多，常见的有各种号码索引（如专利号等），专用符号代码索引（如元素符号等），专用名词术语索引（如地名、机构名等）。

6. 收集资料的原则

在收集资料的过程中，为了确保收集资料的质量，应该注意以下几个原则。

(1) 广泛性原则

这里有 3 层含义。一是指范围广泛，不仅要收集本专题的相关文献，还要收集一定的相关的交叉文献、基础文献的资料；二是指文献类型广泛，包括印刷型文献、缩微型文献、机读型文献等各种形式的文献资料；三是收集的时空范围广，根据综述的内容，收集的资料在时间上可追溯几十年、上百年，在空间上可包括国内、国外的文献资料。

(2) 代表性原则

要注意收集有代表性的文献资料，以代表当前的发展水平和认识程度。

(3) 时间性原则

收集资料应确定收集的时间范围，回溯查找到哪一段时间为止。因为文献资料都有其时效性，确定合理的查找时间，可以避免获取一些无用信息，减少资料筛选阶段的工作。资料的收集并不局限于这一段时期，而是一个长期的过程，在撰写综述的过程中，还要不断地注意发展动态，继续查阅、收集最新资料，尽可能将最新的、最近时期的资料在综述中反映出来。

(二) 文献综述和总结报告的撰写方法

1. 文献综述的撰写方法

文献综述是"一种在分析、比较、整理、归纳一定时空范围内有关特定课题研究的全部或大部情报的基础上，简明地类述其中的最重要部分，并标引出处的情报研究报告"。文献综述的定义包含 3 个基本要素：首先，文献综述反映原始文献有一定的时间和空间范围，它反映一定时期内或是某一时期一定空间范围的原始文献的内容。其次，文献综述集中反映一批相关文献的内容。其他二次文献如题录、索引、文摘、提要等一条只能揭示一篇原始文献的外表信息或内容信息，且各条目之间没有联系，而综述一篇可集中一批相关文献，且将这批文献作为一个有机整体予以揭示，信息含量比二次文献多得多。第三，文献综述是信息分析的高级产物。书目、索引等是对原始文献的外表特征进行客观描述，不涉及文献内容，编写人员不需了解原始文献的内容，也不需具备相关学科的基础知识；提要、文摘是对原始文献的内容作简要介绍和评价，编写人员需要具有相关学科的一些基础知识，以识别和评价原始文献；文献综述则要求编写人员对综述的主题有深入的了解，全面、系统、准确、客观地概述某一主题的内容。运用分析、比较、整理、归纳等方法对一定范围的文献进行深度加工，对于读者具有深度的引导功能，是创造性的研究活动。

综述的形式虽然没有定式，但一般应包括以下几部分的内容。

标题：不论哪种文章，都必须有标题，用以表明一定的信息。

摘要：文章内容不加注释和评论的简短陈述，具有独立性和完整性。一般包括研究的目的与重要性、内容、解决的问题、获得的主要成果及其意义。

关键词：主要是4~6个反映文章特征内容，通用性比较强的词组。第一个为本文主要工作或内容；第二个为本文主要成果名称或若干成果类别名称；第三个为本文采用的科学研究方法名称，综述或评论性文章应为"综述"或"评论"；第四个为本文采用的研究对象的事或物质名称。

导言：综述文章的导言，可根据自己的实际情况安排内容。可在导言中说明编写综述的目的，综述问题的来龙去脉，综述的主题内容及其现实意义和社会意义，综述问题的时空范围及其概况、时代背景等。

标题是文章内容的高度概括，导言则应是对整篇综述的一个简短介绍。

正文：正文是综述文章的核心内容。正文将依次综述各个问题，列举出各种观点、理论、方法、数据，并对每一项内容提出自己的看法和评价；列举历年来的成果、数据进行数据分析。

结语：对前面论述的内容作一个总结，或是提出自己的取舍褒贬，指出存在的问题及解决问题的方法和所需的条件；或是提出预测及今后的发展方向；还可提出展望和希望。结语的作用是突出重点，结束整篇文献。

参考文献：参考文献是综述文章的一项重要组成部分，读者可通过阅读文后的参考文献了解本课题和研究的相关文献，进行回溯查找。参考文献的说明必不可少，必须在文后一一列出综述中引用或参考文献的有关信息，如篇名、作者、出处、出版时间、出版单位等。

以上是文献综述应包括的基本内容，在此内容的基础上，撰写者也可根据自己的喜好和文章的需要增添其他内容。如附录，在正文中图表太多、太大，插入文中不便排版，同时将正文内容割裂得太零散时，可将图表集中统一编号，放在文后作为附录，在正文中加以说明。

2. 技术总结报告的撰写

技术总结报告是描述技术研究工作的结果或进展的文件，是报告情况、建议、新发现和新成果的文献。它是技术研究工作者广泛使用的一种文体。随着技术研究的内容与方法的不同，研究报告也有不同的种类。一般来说，技术总结报告可以分为实证性技术总结报告和文献性技术研究的报告。实证性技术研究的报告即用实证性方法进行研究、描述研究结果或进展的报告。如对某个体育场地器材、设备等问题进行调查研究写成的调查报告；对某种体育器材的使用进行科学实验后写成的实验报告；对某个体育器材设备使用的经验进行总结以后写成的经验总结报告等。这类报告都是以直接研究所得到的材料为基础，对研究的方法和过程加以分析，找出规律性的东西，提出经验、办法、建议及存在的问题，得出应有的结论。文献性技术研究的报告即用文献法进行研究的报告。如体育器材设备技术发展等问题研究中的文献考证的报告。这类研究报告以对文献的分析、比较、综合为主要内容，并展示文献的考证过程，说明文献的来源和可靠程度。

（1）撰写技术总结报告的基本要求

一份技术总结报告是否有意义，取决于它的质量，研究者必须遵循以下基本要求。

① 科学性：科学性是科学研究成果的生命所在。研究报告的表述必须观点正确、材料可靠。论证要以事实为依据，无论是阐述因果关系、结论的利弊和价值、结论的实用性和可行性，都必须从事实出发。推理要合乎逻辑，不可无根据地臆断。

② 创造性：创造性是衡量研究报告质量水平高低的重要依据。别人没有提出过的理论、概念、教育教学新方案、新的实验方法，别人没有观察到的现象，在实验和研究中第一次获得的新的数据等，都是创造性的研究成果。

③ 规范性：研究报告的表述虽无定法，但有常规可循。在撰写研究报告时，要按照一定的格式，不能忽视最基本的规范要求。

④ 可读性：为了便于传播和交流，研究报告的表述应具有可读性。语言阐述必须精确、通俗，在不损害规范性的前提下，尽可能使用简洁的语言。专门的名词术语，可以用，但不能故弄玄虚。文字切忌带个人色彩。不可把日常概念当作科学概念，不宜采用工作经验总结式的文字。

（2）技术总结报告的撰写结构

① 题目：应以简练、概括、明确的语句反映所要调查的对象、领域、方向等问题。题目应能概括全篇，引人注目。

② 导言：亦即引言、总提、序言、前言。简短扼要地说明该技术研究的目的、意义、任务、时间、地点、对象、范围等。要注意将技术研究的目的性、针对性和必要性交代清楚，使读者了解概况，初步掌握报告主旨，引起关注；技术研究方法

要详细说明，以便使人相信研究的科学性和真实性，体现调查报告的价值。

③ 主体：这是技术总结报告的正文部分。这部分要把收集来的大量材料，经过分析整理，归纳出若干项目，条分缕析地叙述，做到数据确凿，事例典型，材料可靠，观点明确。数据如能用图示的形式表示，可以增加说服力，使人一目了然。

④ 讨论或建议：依据正文的科学分析，可以对结果作理论上的进一步阐述，深入地讨论一些问题，亮出自己的观点，指出存在的问题和不足，提出建设性的意见。

⑤ 结论：利用逻辑推理，归纳出结论。即交代调查研究了什么问题，获得了什么结果，说明了什么问题。

⑥ 附录和参考文献：附录是指内容太多、篇幅太长而不便于写入研究报告但又必须向读者交代的一些重要材料，如测试题、评分标准、原始数据、研究记录、统计检验等内容。参考文献是指在实验报告中写清参考和引用别人的材料和论述，应注明出处、作者、文献标题、书名或刊名及出版时间。出处的书写顺序一般是，书籍——作者、篇目名称、出版单位、出版日期、页次；报纸杂志——作者、篇目名称、报纸杂志名称、期次、页次。如引用未经翻译的外文资料，最好用原文注解，以资查证。

(3) 撰写研究报告应注意的几个问题

① 重点应放在介绍研究方法和研究结果方面：技术总结报告的价值是以方法的科学性和结果的可靠性为条件的，而这两者又有内在的联系，因为只有研究方法是科学的，才能保证研究结果是可靠的。写作技术总结报告时，主要精力应花在方法和结果部分，把研究方法交代清楚，使人感到该项研究在方法上无懈可击，从而不得不承认结果的可靠性。

② 理论观点的阐述要与材料相结合：在技术总结报告中怎样使自己的论点清晰有力地得到论证，这是应关注的核心问题。论点的证实除了必须依靠逻辑的力量外，还需要依靠科学事实的支撑，做到论点与事实相结合。技术总结报告一定要有具体材料，尊重事实，从事实中提炼出观点。

③ 要实事求是：分析讨论要不夸大，不缩小；敢于坚持真理，不为权威或舆论所左右；在下结论时要注意前提和条件，不要绝对化，更不要以偏概全，把局部经验说成是普遍规律。报告必须达到"五性"要求，即科学性、客观性、公正性、确证性和可读性。这样的报告才可能是有一定质量的研究成果。

二、操作技能

（一）收集和分析专业技术文献、资料

1. 收集专业技术文献、资料的方法

专业技术文献资料的收集是以专业技术文献资料为对象的检索。它是按照检索规律，从存储的专业技术文献中查找某些特定需要的专业技术文献或线索的过程。它可以是检索某一专业技术的书、刊、声像或多媒体资料，可以是检索某一篇论文的出处或收藏处所，可以是检索有关某一作者、某一时代、某一主题、某一文种的体育相关技术的文献资料，还可以是检索某一器材、某一设备等的有关资料。检索范围既可以是某一图书情报部门收藏的文献资料，也可以不受此局限，检索某个地区、某个国家甚至世界范围内的文献资料。

（1）书刊式检索方法

① 期刊式检索工具：它的出版特点与期刊相似，即在固定统一的名称下，以年、卷、期为单位，定期连续出版。它能及时、连续地报道最新发表的原始文献的线索，时效性较强。同时，它是定期连续出版，所以具有良好的系统性和完整性。利用期刊式检索工具不仅可以追溯查找自这种检索工具创刊以来所有曾被收录过的文献的线索，而且由于它是以卷期为单位出版的，也便于使用和收藏。因而，它是手工检索工具的主体。

② 单卷式检索工具：它是以某一专题为内容，报道一定时期内有关该专题的文献线索。它的基本特点可归纳为单、专、长。"单"是指它的出版以图书形式为主，一般只出一册，最多不定期出几册，故称"单卷式"。"专"是指它的报道内容一般围绕某一专题，收集该专题文献系统，且编排方式切合专业需要，它的使用对象一般也是从事该专业教学、科研工作的专业人员。"长"是指它累积报道文献线索的时间较长，可以报道该专业几年、十几年，甚至几十年以来的文献线索。这种检索工具对查阅年代久、专业性强的文献信息很有价值。

③ 附录式检索工具：这类检索工具的篇幅较小，不具备独立出版条件，分别附于图书、期刊、论文之中或末尾，故称"附录式"。较常见的是各种"引用书目"和"参考文献"。其他如刊载在图书和期刊中的新书通报、图书评论、文摘专栏、专题索引等亦属此范畴。该检索工具因其篇幅有限，故往往被忽视，其实它们都经由编著者精心遴选，具有较大的参考价值。

(2) 检索工具的排检法

文献检索工具的排检方法，是指按照一定的原则对文献信息进行编排和组织，使之成为能从各种途径查找文献及其线索的检索工具的方法。换言之，即如何把一定数量的、无序的文献信息变为有序的，并且可供检索的集合过程。排检方法要求简易、准确、便捷。目前常用的排检方法大致有字顺法、分类法、主题法、时序法和地序法 5 类。字顺法是以字词的一定顺序排检文献的方法。分类法是按照知识内容的学科属性和事物性质排检文献的一种方法，它是检索工具最常用的排检方法之一。主题法是指按照文献的主题内容排检文献的一种方法，即以代表文献内容的主题词的字顺来排检文献的方法。主题的标引以及主题词的选择是以主题词表为依据的。时序法是按时间序列排检文献的一种方法，经常用于年表、历表、大事记、年谱、年鉴等的排列。采用此法排检能反映文献产生的年代，揭示文献的历史发展。时序法有时也作为其他排检法的辅助方法使用。地序法是按地区顺序排检文献的一种方法，经常用于排检地区性较强的文献，有利于突出文献的出版地和内容涉及的地理区划。此法也可作为其他排检法的辅助方法使用。

(3) 常用法

常用法又称"工具法"，是指利用目录、索引、文摘等检索工具来查找文献的方法。它的主要特点是以课题研究的时间作为切入点展开检索。常用法又可分为顺查法、倒查法和抽查法 3 种。这几种方法的运作较为简易，在这里不再赘述。

(4) 追溯法

追溯法是利用已知文献后所附的参考文献提供的线索，如文献名称、作者、出处等，逐一进行追踪查找的方法。在缺乏检索工具的情况下，利用追溯法可方便地查获一批相关文献。因为参考文献与正文的内容一般都有着程度不同的联系，反复利用追溯法，就可成倍扩大检索范围，获取必要文献。

采用追溯法，检索者要在查找前掌握一批与课题相关的文献，最好利用专著、综述和述评进行追溯查找，因为它们所附的参考文献多而全、准而精。通过对与自己研究内容相符的专著和述评进行追踪查找，就可大大提高检索效果。

采用追溯法没有通过检索工具进行系统查找，检索时比较被动，检索结果随机性大，且原著者所提供的参考文献有限，有些参考文献与原文内容并无密切联系，因而误检和漏检的可能性较大。

(5) 循环法

循环法又称"综合法"、"分段法"、"交替法"，是常用法和追溯法两种方法

的综合。在检索过程中,既要利用检索工具进行常规检索,又要利用文献后所附的参考文献进行追溯检索,直到查到所需的全部文献。

采用循环法检索文献,可先使用检索工具查出一批所需文献,再利用查得文献后所附的参考文献进行追溯查找,从而获得更多的文献;也可先通过已有文献后所附的参考文献提供的线索,如题名、著者等,再利用相应的检索工具查找文献,扩大线索。

采用循环法有助于提高检索效率,保证较高的查全率和查准率,因而它是文献检索中采用较多的一种方法。

(6) 计算机检索

计算机检索是指利用计算机技术,按照特定的要求,从事先建好的文献数据库中找出所需文献的过程。我们现在常用的计算机检索工具主要是图书馆综合管理系统中的目录检索子系统、学术期刊光盘检索系统以及因特网上的文献检索。

电子信息资源是指以电子数据的形式把文字、图像、声音、动画等多种形式的信息存放在光盘、磁盘等非印刷纸质的载体中,并通过网络通信、计算机或终端等方式再现出来的信息源。

2. 分析专业技术文献、资料的方法

我们在前面谈到收集"事实资料"和"文献资料"的方法,这无形之中好像将资料分成了"事实资料"和"文献资料"两种,显然这不是一种严格意义上的分类(只是按照收集的方法来考虑的),因为"文献资料"中也可以有"事实资料"(当然不是第一手资料),它们之间有交叉的成分。由此为研究方便起见,可将其分为"事实资料"与"理性资料";如果从资料的性质来考虑,资料还可以分为定量资料(主要是各种数据)与定性资料(主要是文字材料)。收集到大量的资料之后,一般就要进行适当的筛选、整理和分析。

(1) 筛选

有些研究,需要收集的资料比较多,面对成堆的资料,首要的任务就是要在初步阅读(当然需要做简单的分析)的基础之上做适当的筛选。筛选的主要目的在于"去伪存真"、"由表及里",即只保留对本研究有参考价值的资料而删去其余。通常,对于"理性资料"要求它有可靠性、正确性和权威性;对于"事实资料"要求它有真实性、典型性和浓缩性。

(2) 整理

整理也就是要分门别类,并以某一种或几种方法表示出来,以便于下一步的分析。对于各种数据，首先是分类。对于定性资料，通常是按照一定的标准进行分类。如对某一资料，可以按历史线索分类；可以按不同的观点分类；可以按研究的问题的性质分类等。

(3) 分析

对资料的分析，从方法论角度，一般可分为定性分析和定量分析，而且通常在实际分析过程中，要把这两种方法结合起来，交互使用。因为定性分析与定量分析相互补充，相得益彰，处在统一的连续体之中，定性分析为定量分析提供基础，定量分析的结果要通过定性分析来解释和理解。

① 定性分析的方法：定性分析即为对资料的质的规定性做（整体的）分析，除了要运用一些哲学的观点和方法如辩证唯物主义和历史唯物主义外，主要使用诸如比较、归纳、演绎、分析、综合等逻辑方法；同时还要求对分析结果的信度、效度和客观度等可靠性指标进行检验和评价。

② 定量分析的方法：这里需要区分两种情况，一是如果收集到的资料已经是一些数据，我们只需根据条件和需要选用适当的统计分析方法（下文介绍）进行处理和分析便可；另一种就是对收集到的定性资料做进一步的定量分析。

基本统计方法可用于专业技术研究的统计分析，该方法主要有3类：描述统计，主要用于特征分析，即通过一些概括性量数来反映数据的全貌和特征。推论统计，即在无法直接估计总体参数的情况下，只能采用抽样方式对样本进行研究，并由样本统计量对事物的总体做出统计的推论和估计。多元统计，影响体育器材、设备使用的因素不是单一的，而是多方面的、多层次的、多特征的，因而要分析这些因素之间的各种关系需要用多元统计方法。

(4) 理论的提炼与建构方法

在收集、整理和分析了大量资料之后，研究随之要进入关键的阶段，即提出观点或论点，形成理论。

对于一般的技术研究尤其是一线技术的研究，最为基本的、切实可行的可能是做出判断、提出论点，旨在解决实际问题、指导实践，当然它也是建构理论体系中最为重要的环节。

经过前几个阶段的研究（查文献、调查、实验、整理、分析等），我们获得了大量的各种各样的材料。如果从提炼论点的角度，我们可以把它分为3个方面：(前一阶段自身研究中所获得的) 科学事实；经过大量实践被证明是正确的经验；前人已经建立的理论。这3个方面的资料就成为我们提出论点的重要基础和前提。

具体的思维方式主要有两种。

① 演绎式：也称自上而下的路线。即从现有的、被人们认可的概念、命题或理论体系出发，通过原始资料对这些理论进行逻辑论证，然后在证实或证伪的基础上进行部分创新。具体的方式多种多样，如可能是已有的研究由于资料不详、认识不够深入，本研究做出补充和发展；也可能是由于已有的认识有偏差，本研究做出修订并适度创新；还可能是由于已有的研究方法有误，本研究做出修订和补充。

② 归纳式：也称自下而上的路线。即从原始资料出发，通过归纳分析逐步产生理论。通过这种方式产生的理论既可以是一个非常简单的、单一的命题；也可以是具有十分复杂的逻辑关系和层次结构。

（二）撰写技术总结报告

技术总结报告是描述一项科学技术研究的结果、进展，或一项技术研制试验和评价的结果；或是论述某项科学技术问题的现状和发展的文件。

技术总结报告是为了呈送科学技术工作主管机构、其他相关组织或主持研究的人等。技术总结报告中一般应该提供系统的或按工作进程的充分信息，可以包括正反两方面的结果和经验，以便有关人员和读者判断和评价，以及对报告中的结论和建议提出修正意见。

1. 技术总结报告的撰写结构

技术总结报告应反映该成果技术研究工作的全貌。一般包括以下几个方面。

（1）选题依据与设计指导思想

主要表明该项研究的选题针对性；采用的技术路线；国内外同类研究的动态；试验具备的条件；主要内容创新的程度；在研究中总体设计和关键技术的实施方案以及采取的措施；主要技术内容达到的规格、指标。

（2）试验材料与方法

（3）试验过程与结果

每个阶段的试验过程与结果用定量和定性相结合的方法阐述，特别是对在试验研究过程中理论上的新发现及应用技术的发明与创新、改进与提高、发展与完善等新颖性内容，加以归纳说明，附上必要的表格等。

（4）技术关键与创新点

这是技术报告的核心部分，是反映成果技术水平的重要内容（技术保密内容应事先向组织鉴定单位和鉴定委员会讲明，按规定进行划密）。可通过综合对比方法，与国内外同类研究的主要结果进行比较，说明本研究的创新程度与技术水平。

（5）技术重点与适用范围

依据本研究重要技术内容的特点，确定出适宜应用的范围，并阐述在生产或科研中应用时应注意的事项以及具备的条件。

（6）推广应用情况及存在不足

重要叙述成果在实践中的应用情况和效果以及应用中发现的问题和原因，今后的改进意见。

2. 技术总结报告的撰写方法

技术总结报告是对在某一技术实践中，经过去粗取精、去伪存真的积极探索而积累起来的经验的系统化、理论化的书面材料。技术总结报告的基本结构大体有以下几部分。

① 题目：可以是既定的科研项目，即专题经验总结；也可以是对某一阶段全部工作的回顾，从中找出成效较大、印象较深，且富有新意的东西来确定总结的题目。

② 引言：没有固定的表达方式，大多数以凝练简洁的语言交代本篇经验总结的背景、写作目的、取得的主要成绩等，使读者一开始就判断出有无参考价值。

③ 正文：围绕技术总结的主题（总观点）组织材料，可在文中设小标题，但要注意所叙述的若干个问题的内在联系。经验总结既要有典型的事例，又要通过分析研究加以理论概括，做到内容生动，有理有据，说理性强，使人在思想上受到启迪。

④ 结尾：这是经验总结的精髓和结晶。它是通过正文的典型材料及对其分析而概括出的结论，是从大量具体事实中找出的规律性东西，它应反映作者的独到见解。

⑤ 署名：其目的是表示对报告负责并表明对报告的所有权。署名应写明研究者的工作单位和真实姓名。如果研究者有多人，可商定署名的先后次序，逐一写清。对全面工作不太了解，不能对研究全面负责的人，不一定署名，但可在附注中说明他的贡献。署名也便于读者与之联系。

⑥ 附录和参考资料：附录是指内容太多、篇幅太长而不便于写入研究报告但又必须向读者交代的一些重要材料，如原始数据、研究记录、统计检验等内容。参考文献是指在实验报告中写清参考和引用别人的材料和论述，应注明出处、作

者、文献标题、书名或刊名、卷期、页码、出版机构及出版时间。如引用未经翻译的外文资料，应用原文注释，以资查证。

各种类型的技术总结报告的写作形式是不尽相同的。尽管如此，它们却包含了或者可以归结为前言、正文、结论这个三段式的基本格局。当然，这只是技术总结报告习惯格式的沿用，并不能限制文章结构形式的创新。技术总结报告的结构可以根据内容和体裁的不同而灵活掌握。只要能够达到结构完整，层次分明，逻辑缜密，条理清楚的要求，在写作形式上是可以有所不同的。

第二节 场地、器材和设备技术改造与合理化建议

一、场地、器材、设备

（一）专用工具和辅助器材的功能与制作方法

1. 了解和分析设计任务，并收集有关的设计资料，制定设计任务书。
2. 提供方案，进行评价。
3. 根据器材、设备的工作特性、工艺要求及质地条件，初步确定基本的结构形式。
4. 根据需要的尺寸，初步确定基本的几何尺寸。
5. 按照选定的方案进行总体设计、运动和动力学分析、零件工作能力计算和结构分析，绘制图形样张。
6. 施工设计，即根据图形样张，考虑结构工艺和生产条件等因素，绘制零件工作图。

（二）场地、器材和设备的新材料、新技术

随着科学技术的发展，新的材料和新的技术不断运用在体育场地、器材和设备中，极大地提高了体育相关设施的发展，同时也为我国体育场地、器材和设备提供了新的思路和挑战。一般来说，目前体育场地、器材和设备中主要采用的新材料、新技术有以下几个方面。

1. 节能环保化

目前体育场地、器材和设备中主要采用的新材料、新技术表现在少消耗资源、

从设计、建造、使用等方面减少资源消耗，同时具有高性能品质，减少环境污染。采用低污染材料，利用清洁能源；使用年限长，可回收利用等。

2. 智能运行化

体育场地智能化系统是以信息技术（电子、通信、控制和软件）为核心的现代高新技术的集成。

体育场地智能化系统的建设（即建筑智能化工程）是一项复杂的系统工程，它既具有传统电气工程的特点，又具有现代控制工程和信息化工程的特点。

智能化工程一般分为系统规划（初步设计）、深化设计（施工图设计）、施工（安装调试）、验收和培训以及运行维护5个阶段。

（三）场地服务与保障的新理念、新方法

随着居民闲暇时间的增多，人们对体育健身的需求大大增加。体育场地和各种训练设施为竞技体育服务的单一功能已不适应改革开放的要求，因此，体育设施的综合利用和服务保障问题是既关系到体育设施今后的经营方向，也关系到体育设施生存发展的重大问题。

1. 支持性服务保障

支持性的设施服务保障将为观众提供比现在更好的服务。那些不观看比赛的人同样可以在非比赛区玩得很开心。

体育场馆应该加强支持性设施的服务保障，更新服务保障观念。如体育场馆座位的一个扶手上有插孔，如果观众租了个人信息接收器，他可以将耳机的端子插到插孔中，收听"体育场馆广播节目"或者收看"体育场馆电视节目"。座位的面积也要扩大，以便能对座位的靠背进行微调，使观众坐得舒服。座位靠背后面的口袋里装有免费的"体育场馆服务清单"，对他们提供的比赛、服务、商品进行广告促销。观众可以通过他所租用的个人信息接收器来下订单，购买他所想要的东西。比赛结束后观众可以到体育场馆零售中心的商店里去取已经为他准备好的商品，或者由服务员在中场休息时送到观众手中。

2. 增值性服务保障

"增值性"战略实际上就是尽量使投资回报最大化。增值门票就是一个例子。如果观众购买了增值门票，那么他将获得一些额外的奖励，体育场馆以此鼓励观众将自己全家人都带来。这些奖励包括免费餐、签名节目单等。另外还可以在体育场馆里增添一些设施以便观众将一家人都带来，而将观众全家人都吸引到体育

场馆的措施最终会给体育场馆带来经济回报，因为体育场馆这么做实际上是在为自己的明天培养更多的观众。

3. 多功能服务保障

体育设施要立足于多种体育功能的充分利用，做到比赛与训练相结合，竞技体育与群众体育相结合。各种训练设施应在空余时间向群众开放，一方面弥补社会体育设施不足的现状，发挥其社会效益，同时增加经济收入，改变体育设施管理经费不足的现状。

实现这样的功能要求，首先在建设布局上，要改变竞技体育设施封闭管理的固定格式，为多功能利用创造条件，另外在管理体制上，也要做相应变革。

体育设施的综合利用问题，在建筑上是功能设置问题，除体育功能外，还应为多种经营活动创造条件。这个问题既包括主场地的多功能使用，也包括附属房屋的多功能利用。

主场地的多功能使用，例如体育馆比赛大厅，除能满足多种体育项目的比赛、训练要求外，还能满足马戏、杂技、文艺的演出，放映电影及举办展览等多种功能需要。

附属房屋的多功能利用问题比较复杂，大多数体育场馆的附属房屋是按承办体育比赛任务的建筑要求进行设计的，因此，难以适合其他经营活动的建筑需要。因为每个场馆所处地理位置不同，服务对象不同，群众的消费需要和水平也不相同，所以，确定经营创收项目的灵活性很大。如可设置招待所、餐厅、停车场等设施；还可设置商店、酒吧、舞厅等设施，为休闲购物者服务；也可设置健身房、舞厅、录像厅等项目，为居民的文化娱乐活动服务。

4. 分众化服务保障

体育场馆应该根据不同的消费群体提供不同的服务，这就是体育场地的分众化服务策略。不同的人群对观看设施的标准要求不一样，支付能力也不一样。有些观众愿意使用高标准的观看设施，这些设施很舒适，能让人在那里得到很好的休息和享受。这些人不但有这样的要求，而且也有这样的支付能力。一个成功的体育场馆要积极地开发这些不同的消费要求和消费能力，尽可能多地提供各种不同档次的座位质量（这里指观看比赛或表演的位置、座位舒适程度以及环境质量），同时还要为各种不同档次的座位提供相应的饮食服务和其他支持设施。不同档次的座位其价格是不一样的，观众支付什么样的价钱就可以得到什么档次的服务，而提供这些服务所产生的收入通常远远大于体育场馆为此投入的成本。许多新的体育场馆如果没有这些私人设施将不可能在财政上继续维持下去。

5. 场馆合一的服务保障理念

场馆合一的理念，可以实现资源共享。如果对运动员的休息室、贵宾室、新闻中心、卫生服务设施和信息中心等调配得当，可有效地节省投资，避免重复建设。

场馆合一并非只包括体育场和体育馆，还可进一步将体育场、体育馆、训练馆、游泳馆等多个设施结合在一起，"化零为整"，形成规模效应。不仅布局紧凑，造型独特；还实现了有机结合，有效地节省了土地和投资。

二、操作技能

(一) 场地专用工具和辅助器材的改进或制作

1. 借鉴

在设计理念上要借鉴先进国家的经验，以用户的需求为设计的目标，并结合柔性设计、模块化设计的理念，一机多用，或更换少量的零部件就可以完成不同的功能，或满足不同的产品需求。

2. 需求

随着科学技术的发展，人们的需求也越来越高。这种需求体现在以下几个方面：一是提高工作效率；二是为适应产品更新变化的需要；三是当器材、设备出现故障时，要求能进行远程诊断服务；四是利于环境保护，噪声、粉尘少；五是器材、设备购置投资尽可能少，价格要尽可能低。所以，一定要在认真研究的基础上，充分了解并确定场地专用工具和辅助器材各项技术指标，制定初步的原理设计方案。

3. 程序

场地专用工具和辅助器材的改进或制作过程应该包括功能确定、可行性论证、制定设计方案、方案的可行性论证、原理图设计、结构设计、施工图设计、样机制作（虚拟制造）、技术验证和施工图修改、改进设计、系列化设计等。在原理方案设计过程中，首先要充分了解相关的工具、器材的功能，对于必不可少的机械传动系统，应尽量利用现代化设计手段，在对产品功能分析的基础上，通过创新构思、系统建模、动力分析、动态优化，从而得到最佳设计方案。

技术设计是将原理设计结构化，确定零部件的数量、形状、尺寸、材料等，

对主要部件中关键零件进行动力计算、功率计算、强度计算、刚度计算。

总体设计时,要全面考虑整个场地专用工具和辅助器材的改进或制作的系统布局、运动协调性、造型设计、人—机环境等。

4. 注意事项

场地专用工具和辅助器材的改进和制作要充分考虑到可靠性、安全性、环保性等各方面的因素,充分体现原理优化、结构优化、制造优化、造型优化。

(二) 场地、器材和设备技术改造的合理化建议

我们应该加强体育场地、器材、设备的技术改造,并对这种改造提出一些切实可行的合理化建议。

1. 制定规划

根据我国体育场地、器材、设备的改进工作的基本情况,应提出重点技术改造的地区、重点技术改造的器材、设备和场地及合适的技术改进方式,与现行的技术水平相结合,严格控制对场地、器材、设备的技术鉴定,制定技术改进的规划和计划,并以法规的方式保证规划的落实,逐步在全国范围内普及新技术的使用。

2. 推广应用

考虑到我国目前的经济水平,应大力研究实用、经济的新技术、新设备,应进一步加大普及体育场地、器材和设备对新技术的使用力度,提高体育场地、器材、设备的技术含金量,重视技术改进,尤其是在大型体育场地和对技术要求较高的器材、设备中普遍使用新技术。

3. 推进渠道

体育场地、器材和设备的技术改进是一个需要较大投入的过程,尤其是对一些规模比较小的体育场馆,资金尤为缺乏。这样,体育场馆可以吸引社会资本,拓展融资渠道。政府可以参照国外的办法建立相应的基金,用于资助公益场馆的技术改进,也可以以低息贷款的方式资助部分技术改造项目和场馆设施建设。从我国场馆的现状来看,政府加大对技术改进的投入,扩大技术推广范围,效果可能会比较明显。

(三) 场地服务与保障工作的改进方案

近年来,体育场地服务与保障工作在深刻认识和准确把握国内外体育场地服务与保障工作发展深刻变化的基础上,适应体育服务标准化、社会化、国际化的

新要求、新挑战，及时更新观念、改进方法、开拓创新。

1. 正确认识体育服务标准化、社会化的内涵

体育标准化是体育行业发展的基础，在社会主义市场经济中发挥着非常重要的作用。推进体育标准化工作的建设速度、提高体育标准质量，直接影响着我国体育事业的发展、体育产业的升级、体育市场的稳定。而体育的社会化是指以政府领导、依托社区、居民参与的体育格局。众所周知，建立与社会主义市场经济体制相适应的、符合体育发展规律的体育体制和运行机制，形成有中国特色的社会主义体育组织体系，是新世纪我国体育改革与发展的总目标。因此，体育的社会化能够成为家庭、学校、流动人口、弱势群体参加体育活动的舞台，成为实施全民健身计划的载体。

2. 牢固树立科学发展观

围绕建设体育强身、体育强国战略的实施，树立和落实科学发展观，进一步疏通服务渠道，优化服务结构，积极推进体育场地服务保障体系的改革，努力提高服务保障的水平，推动体育场地服务结构的调整和升级，促进体育场地服务与保障工作持续、协调、快速发展。

3. 加强监管机构的协调与合作，建立服务监管体系

体育场地要与监管机构互相支持，密切配合，依法加大对体育场地服务保障工作的监管，早日建立服务监管体系。一是各监管部门要完善服务监管体系，突出以优质服务为核心，贯彻落实体育场地的服务要求，切实加大现场和非现场监管的力度，并根据各种体育场地的实际情况，提出各种难度不同、可供选择的服务质量比率的新思路和方法，使体育场地的服务保障更能适应当前市场发展的客观要求。二是各监管部门要紧密合作，互相支持，保持信息互通和数据共享，特别是新型场地转化过程中所带来的服务保障问题。三是体育场地本身要进一步加大服务保障的管理，认真研究同行业服务保障的方式与渠道。

（1）完善服务保障的管理结构，提高管理水平

一是建立良好的服务保障结构和有效的内控体系，确保各个部门和管理层各尽其职、各负其责，形成有效的制约监督机制。二是充分发挥体育场地各部门和其他机构的作用，建立严格的服务保障标准与程序，强化服务质量和透明度。三是强化对服务保障管理的控制，根据不同服务保障的要求，及时提供足额资金作保证。

（2）大力加强服务保障管理，完善体育场地服务保障体系

一是充分发挥服务保障系统在整个体育场地建设中的作用，要在制定和完善有关服务保障的规章制度的基础上，加快推进全国统一的体育场地服务保障的建设。二是加强服务保障市场的管理和培育，规范体育场地的行为，培植一批服务保障水平高的、有代表性的体育场地工，形成良好的体育场地工职业道德风范。三是加强从正向激励和逆向惩戒两方面推动全社会形成重视体育场地服务保障的良好环境，完善体育场地服务保障体系。

【名词解释】

1. 文献综述：对各种资料进行分析、比较、整理、归纳所形成的研究报告。
2. 技术总结报告：对技术工作进行归纳和提炼所形成的经验报告。

【思考题】

1. 撰写一份技术总结报告。
2. 提出场地服务与保障工作的改进建议。

第二部分
高级技师技能

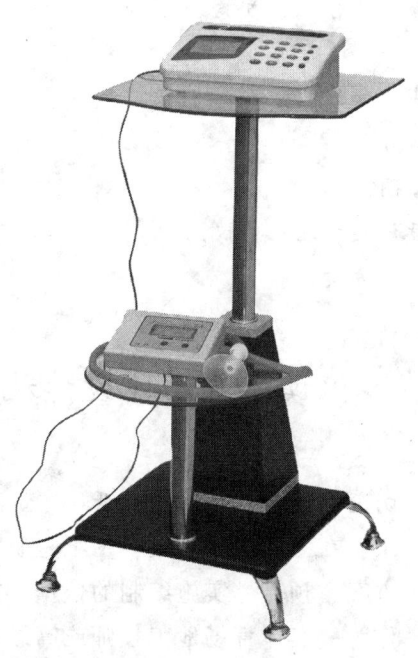

第六章　体育场地设计施工图识读及维护方案

【学习目标】
1. 能够识读体育场地设计施工图。
2. 能够对体育场地的功能与设计提出合理化建议。
3. 能够对新建场地进行验收。
4. 能够制定场地大修或综合维护方案。

【知识要点】
1. 体育场地建设的基本知识。
2. 场地验收的标准与方法。
3. 体育场地设计施工图。
4. 体育场地的功能设计及合理化建议。
5. 场地大修或综合维护方案。

第一节　识读体育场地设计施工图

在现代化生产中，一切工程建设都离不开图纸。在工程设计阶段，设计人员用图纸表达设计思想和要求；在工程审批阶段，图纸是研究和审批的对象；在工程施工阶段，图纸是施工方案、预算、实施编制的依据；在工程验收阶段，图纸是进行验收的参照资料。作为一名体育场地工技师或高级技师，只有掌握图纸识读的技能，才能在场地设计、建设、维护中当好参谋，发挥作用。

一、施工图的识读

(一) 国家制图标准有关规定

工程图样是工程界的技术语言。为了使建筑图纸规格统一、图面简洁清晰、符合施工要求、利于技术交流，必须在图样的画法、图纸、字体、尺寸标注、采用的符号等各方面有一个统一的标准。现行的国家制图标准有 6 个：《房屋建筑制图统一标准》(GB/T50001—2001)、《总图制图标准》(GB/T50103—2001)、《建筑制图标准》(GB/T50104—2001)、《建筑结构制图标准》(GB/T50105—2001)、《给水排水制图标准》(GB/T50106—2001) 和《暖通空调制图标准》(GB/T50114—2001)。

(二) 建筑制图基本知识

1. 图纸与幅面

图纸的大小，必须按照规定的尺寸裁剪。图幅从大到小分成 5 种图号，即 A_0、A_1、A_2、A_3 和 A_4，这些是指裁纸的纸边尺寸（表6-1）。

表 6-1　图纸幅面和图框尺寸（单位：mm）

尺寸代号	幅面代号				
	A_0	A_1	A_2	A_3	A_4
b×l	841×1189	594×841	420×594	297×420	210×297
c	10			5	
a	25				

l：长边；b：短边；c：非装订线；a：装订线。

2. 标题栏和会签栏

标题栏在图的右下角；会签栏在装订边处。

3. 图纸线型

建筑图纸中，采用的线型有实线、虚线、点画线和双点画线。这些线同时又各自分为粗、中、细 3 种，其他还有中断线、折断线、波浪线等。每种线型在图中都有各自的功能。

4. 尺寸标注

尺寸要素一共有4个,即尺寸界限、尺寸线、尺寸起止符号和尺寸数字。建筑工程图的尺寸标注单位均为毫米,并且不写"mm"字样。

5. 比例

根据图纸用途和被画物体的复杂程度,规定选用的适当比例(表6-2)。

表6-2 比例(部分)

图名	常用比例
总体规划图	1:2000,1:5000,1:10000,1:25000
总平面图	1:500,1:1000,1:2000
建筑物和构筑物的平面图、立面图和剖面图	1:50,1:100,1:200
给水、排水系统图	1:200,1:100,1:50

6. 定位轴线

定位轴线是用来确定建筑物主要结构或构建位置及其尺寸的。轴线编号应注写在轴线端线的细线圆圈内,圆的直径为8~10 mm。纵轴编号用阿拉伯数字,横轴编号用英文字母(其中Ⅰ、O、Z不用)。

7. 字体

图纸上标注的汉字采用简化的长仿宋体。字母和阿拉伯数字分直体和斜体两种,斜体字与右侧水平线的夹角为75°。

8. 索引符号和详图符号

施工图内某局部、节点、构件、配件等有待于放大比例,以表达细部的形状、尺寸、材料、构造、工艺技术需要说明的,应用索引符号索引。

索引的详图符号用粗实线绘制,圆的直径为14 mm。

9. 指北针

指北针用以表示建筑物的朝向。应用细实线绘制,圆的直径为24 mm。

10. 图例

图例是表达材质、门窗、构件、机械规定的符号。

此外,还有一些其他符号,如引出线、对称符号、连接符号、风向频率玫瑰图等。

二、施工图的识读方法

（一）识图方法简介

（1）培养想象力

从二维的平面图去想象三维物体的形状，学习正投影理论，掌握投影图形成的规律。

（2）画图与读图相结合

画图的过程是图解思考的过程，多练习徒手画，开始看立体图画三面投影，逐渐减少使用实物或立体图，直到完全可以依赖自己的想象力画出三面投影图，或由三面投影图想象出实物。

（3）认真学习国家制图标准中的有关部门规定，熟记各种代号和图例的含义，经常对照施工图练习。

（4）多观察建筑物的造型、结构等，熟悉相关场地建筑的专业知识，理论联系实际，较好地把握场地构造和图纸的识读。

（二）总平面图的识读

1. 总平面图的意义

总平面图是表达建设工程总体布局的工程图纸。

2. 总平面图的内容

① 国家拨地范围与红线、地形等高线、测量坐标网、原有公路河流、规划公路河流、原有建筑物、毗邻基础设施干线等。

② 计划即将拆除的建筑物和构筑物。

③ 建设区域内的新建道路与铁路专线。

④ 新建建筑物和构筑物的平面位置以及建筑物或构筑物的间隔距离尺寸。

⑤ 施工坐标网。

⑥ 建设区域内的竖向设计，如地坪和道路路面的标高以及它们的排水坡度。

⑦ 建筑物的层数及其市内一层地面的绝对标高。

⑧ 建设区域内的基础设施工程。

⑨ 未来计划扩建的建筑物位置。

⑩ 用指北针表示建筑的朝向。

⑪ 绿化布置。

⑫ 防火通道。

3. 总平面图的种类

① 建筑总平面图：以建筑平面为主绘制的总平面图。

② 道路布置总平面图：此图通常配有详图，内容包含施工材料、道路标高、道路断面、道路的排水度。

③ 基础设施管线布置总平面图：包括给水、排水、热力、煤气、电气、电信、有限电视、网络等，根据需要综合绘制或单独绘制。

④ 建设区域绿化布置总平面图：对广场、场馆周边等整个区域进行绿化设计的总平面图。

⑤ 总平面图的一些补充图纸：指总平面图的竖向设计（总平面图一般只表达横向）。

⑥ 总体规划图：为表达建设项目单项工程和单位工程的功能，以及便于编制建设项目工程总概算，综合所有各专业而设计的图纸。

（三）建筑施工图的识读

建筑施工图是进行施工的主要依据。

1. 建筑施工图的种类

① 平面图（图6-1）：包括地下、地面、标准层（中间层）、顶层等平面图。

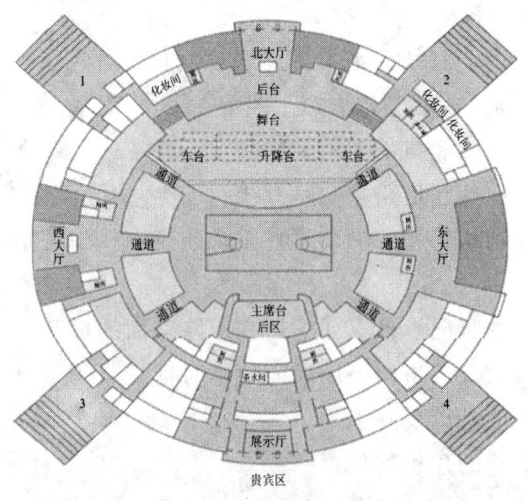

图6-1 某体育馆平面图

② 立面图（图6-2）：包括正立面图、右侧立面图、左侧立面图、背立面图等。

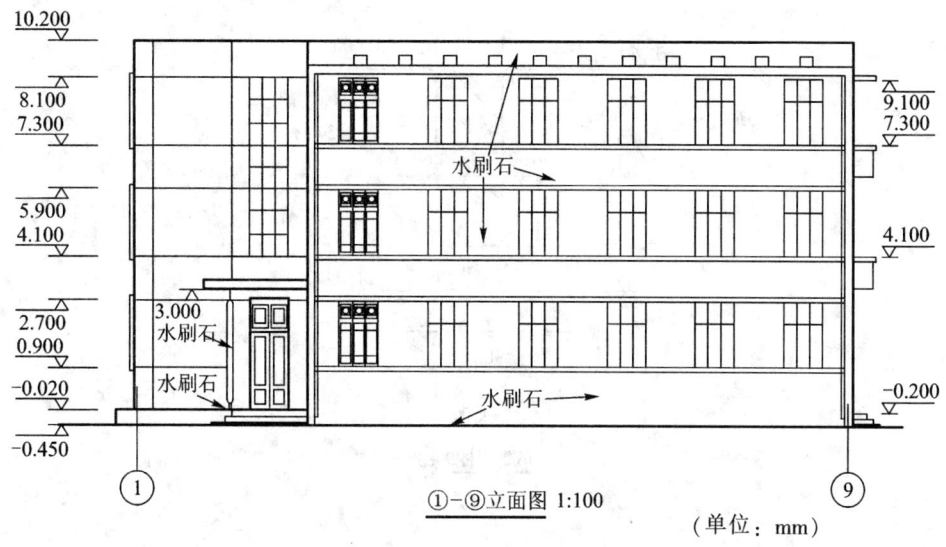

图 6-2　建筑立面图

③ 剖面图（图6-3）：包括横剖面图、纵剖面图等。

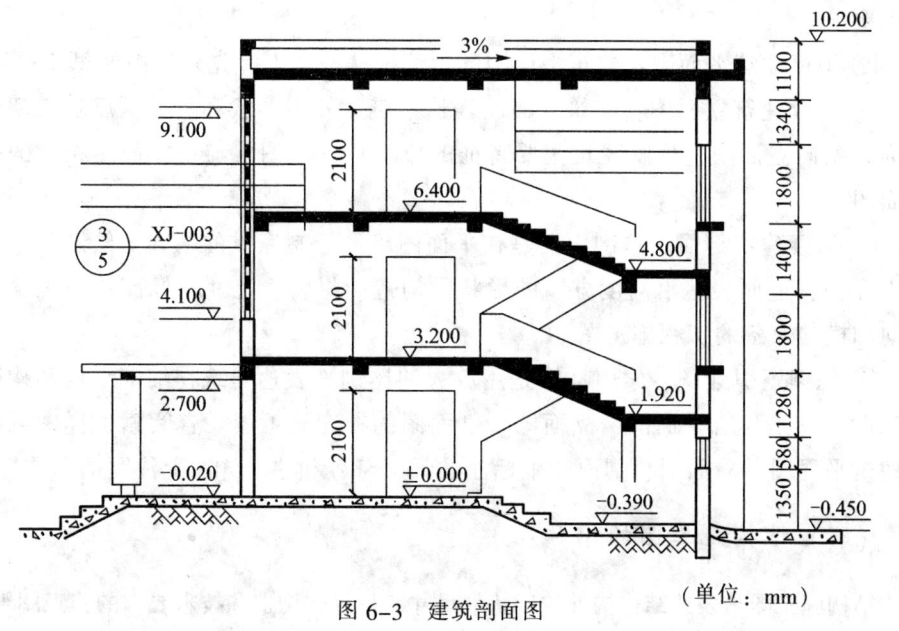

图 6-3　建筑剖面图

④ 索引详图（图 6-4）：包括局部平面图、局部立面图、局部剖面图、节点图的放大比例图。

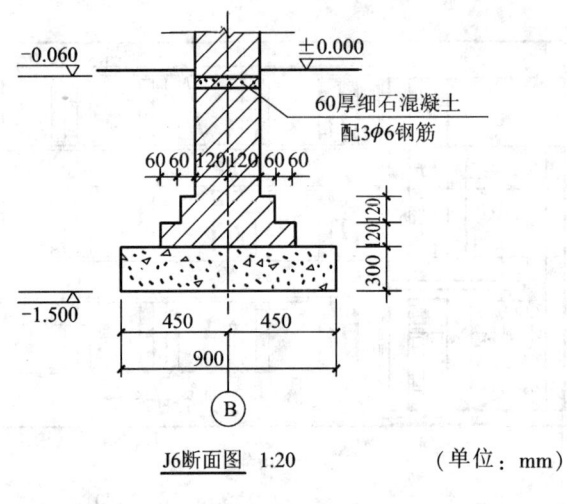

图 6-4　建筑详图

2. 建筑施工图的识读

① 识读建筑设计首页：首页为建筑设计说明，表达对场馆建筑、维修工程的设计要求。

② 识读建筑平面图：建筑平面图的识读按从底向上、先外后内的思路进行。

③ 识读建筑立面图：建筑立面图表达建筑的外观形状和装饰，反映某朝向的称为某朝向立面图，反映建筑主要特征的成为正立面图，与正立面图相背的是背立面图。

④ 识读建筑剖面图：剖面图是在平面图已经绘制完成的基础上绘制的。它基于平面图，进而表达沿高度方向的形状、构造、材料、尺寸、标高、施工工艺的竖向和横向兼备的工程施工图。

⑤ 识读索引详图：索引详图是用放大的比例来表达建筑物细部结构和构造的施工图。它是建筑平面图、立面图、剖面图的补充施工图。查阅索引详图可以通过建筑平面图、立面图、剖面图中标注的索引符号和建筑详图上注写的名称。

（四）结构施工图的识读

结构施工图是表达结构构件的形状、尺寸、材料、构造和技术要求的施工图纸。

1. 结构施工图的种类
① 结构平面布置图：包括基础平面图或基础布置平面图、顶部布置平面图等。
② 剖面图：包括横剖面图和纵剖面图。
③ 施工详图：指施工图中的详图，包括节点详图和构件图。

2. 结构施工图的识读

结构施工图的核心构件用粗实线表示。结构构件按汉语拼音标注它的代号，如"B"代表板（Ban），"J"代表基础（Jichu），SJ 代表设备基础（Shebeijichu）等。在结构布置图中，构建的规格要按标注识读。

此外，还有施工现场作业图、给排水工程图、通风采暖工程图、建筑电气工程图等。施工图的种类繁多，线段、标志复杂，建筑专业知识的要求较高，需要我们在工作中认真学习，不断积累，也可以通过相关专业培训进行提高。只有具备了一定的识图能力，才能更好地参与到体育场馆的设计、建设工作中来，用体育场地管理者的专业知识和眼光来充分表达运动场地的特性，为运动场地的设计、建设提出符合实际的建设性意见。

第二节 体育场地的功能与设计

体育场馆的建设与一般公共建筑的建设有着较大的区别，其中最主要的区别就在于它的功能性。体育场地的主要功能就是运动，既要为体育比赛、运动训练、体育教学提供运动场地，还要为全民健身活动提供场所，兼顾地域性集会、文化、商业活动的需求。体育场馆的建设必须充分考虑体育场馆的运动功能，本着实用、简洁、美观的原则，结合城市、社区、单位健身及活动的需求及城市的总体规划进行规划、设计和建设。

一、体育场地设计的功能性与实用性

（一）体育场地设计的功能性

1. 按体育场馆的功能分类
（1）体育比赛场馆
应严格按照国际奥委会和世界各单项体育组织制定的竞赛规则对场地、器

材的要求建设的体育场馆,供各类比赛使用,一般有看台(坐席)和必要的辅助设施。

(2) 体育教学训练馆

按照运动训练和教学的需要建设的体育场馆。有的没有看台,有的只有少量的看台,辅助设施也较简单。有的场地虽然大小、材质等不符合竞赛规则要求,但能满足训练、教学的需要。

(3) 体育健身休闲场馆

用于满足大众健身休闲的需要而设置的场馆,主要包括各种健身房、健身馆、康体娱乐中心等。这类场馆的服务设施齐全,一般还提供健身指导、健康咨询等多方面的服务。

2. 按体育场馆的用途分类

(1) 专用性体育场馆

有些运动项目对场地有特殊的要求,不能与其他项目共用,如游泳、曲棍球、滑冰、滑雪、马术、自行车场地赛、射击等。专用体育场馆即是为此类运动项目专配的场馆。

(2) 综合性体育场馆

指能适用于几种不同运动项目的场馆。如乒乓球、篮球、排球、体操、击剑等运动项目可以在同一场地上依次进行。这类场馆通常以体育场、体育馆命名。

(3) 体育中心

将不同类型的场馆集中设置的综合性体育设施称为体育中心(图6-5)。这些中心的修建是国民经济和体育事业高度发展的体现,为竞技体育的发展和人民群众的运动健身提供了符合时代特征的硬件条件。一般认为体育中心必须具备"三大件":体育场、体育馆、游泳馆。体育中心按其占地面积可分为小型、中型、大型、特大型(表6-3)。

图6-5 苏州市体育中心

表6-3 体育中心大小的划分

等级 \ 划分方法	按占地面积分/hm²	按主体育场观众席数/万人
小型体育中心	20以下	0.5~2.5
中型体育中心	20~60	3~5
大型体育中心	60~200	6~10
特大型体育中心	200以上	10以上

注：1/hm²（公顷）=10⁴m²

（4）按赛事等级可分为丙级、乙级、甲级、特级体育场馆（表6-4）

表6-4 体育中心等级的划分

场馆等级	适合举办的赛事
特级	举办亚运会、奥运会及世界级比赛主场
甲级	举办全国性和世界单项比赛
乙级	举办地区性和全国单项比赛
丙级	举办地方性、群众性运动会

体育场馆的设计要根据场馆的功能以及相应的等级定位，从运动规则的严格性、运动竞赛的规模性和赛事组织的有效性出发，把体育功能放在首位。

（二）体育场地设计的实用性

我国的体育场馆设计起步晚，专业人员少，从已建成的体育场馆来看，存在着功能定位不准、附属实施不完善、配套设备不合理等弊端。近年来，随着国民经济的发展，体育场馆的建设方兴未艾，尤其是在经济比较发达的地区，各种规模的体育中心一座座拔地而起，体育场馆成为城市的标志性建筑。遗憾的是，不少体育场馆的设计偏重于与城市形象的匹配而求大、求美、求精，却忽略了体育场馆的实用性和满足大众健身的便利性。有的体育场地设计者不深入了解体育的特性，也不与场地的使用者、管理者进行深入的沟通，结果造成场地不符合规则、设备进不了门的笑话。有的场馆设计过于奢侈，顶级设备一应俱全，与该地区顶级赛事的辐射力相距甚远。在一大堆钢筋混凝土浇筑的现代体育建筑面前，往往是轰轰烈烈一时，然后便是长时间的沉寂。政府为此犯难，为高额的维持费绞尽脑汁；群众为此困惑，无法感受现代化场馆带来的运动快乐。国外的奥运会等大型赛事结束，其体育场馆即面临这样的问题，国内许多城市的大型体育中心也同样面临这样的问题。其中最主要的原因之一，就是决策者和设计者没能找到体育场馆的实用性与大型赛事的必要性的平衡方法，带来资源的巨大浪费。解决这个问题的方法有以下几点。

（1）实事求是，定位要准，避免体育场馆的功能过于单一或不切合实际的超前。

（2）树立科学发展观，为城市的总体布局和运动需求提供落脚点，避免体育场馆的超规模集中建设。

（3）培育体育场馆专业设计队伍，在场馆的设计、建设上充分吸收体育专业人士的意见和建议，做到源于运动，突出运动，围绕运动，兼顾其他。

（4）综合利用，把体育中心及周边建设成融运动健身、休闲娱乐、商业服务的市民休憩场所。

（5）面向大众，把全民健身活动与竞技运动、体育教学融为一体，尤其是要为体育大众消费提供便利。

二、体育场地的设计

（一）大型体育场馆发展的趋势

1. 复合化

为满足体育产业化、社会化的发展，体育场馆的多功能服务趋势已经成为新型场馆建设发展的趋势。一是总体规划的复合化，以体育场馆为中心，建设社区的体育、文化、娱乐、商业中心，实现地域功能的复合化。二是体育场地的多功能设计的复合化，通过活动桌椅、移动看台、可拆卸复合面层、移动场地等设计，体育场馆接受运动项目的面更广，举办赛事的机会更多，文艺活动、展览会议、大型集会的平台更大。三是附属设施复合化，将附属用房建成餐饮、娱乐、健身、办公等场所，提高空间利用率，为体育场馆开辟自主经营、以副养主的产业化途径。

2. 生态化

体育场馆生态化是今后体育场馆设计和使用必须考虑的实际课题，如自然通风系统、自然采光设计、自然雨水收集等技术的应用，为体育场馆的生态化提供了可能。体育场馆的建设越来越注重与周边环境的融合，体育中心公园化已在多个城市实现。体育场馆不仅是城市运动休闲的场所，更是一道亮丽的风景线，成为城市旅游、招商的特殊名片。

3. 信息化

信息技术手段是联结体育场馆硬件与软件运转、经营的纽带，是体育场馆功能得以高效运转的保证。大型体育场馆的经济效益与使用的舒适方便在很大程度上依赖于此。未来的大型体育场馆在信息技术的使用上将更加先进，更为广泛，安全监控、票务管理、信息采集、赛事组织等，都需要先进的信息技术来保障。

（二）体育场地设计的趋势

从国际体育设施建设的趋势看，设计理念在不断得到更新，呈现了一些新的特点，如更加注重场馆的综合利用，尽量满足运动训练、体育教育与大众健身的共同需求，尤其注意满足不同人群的多种体育消费需求，充分考虑场馆日后的运营、维持和管理。许多场馆外表朴实而简单，内部装修亦较平淡，但非常突出人性化，使用起来非常方便。在突出运动功能的基础上更加注重多功能的组合，或预留空间，为建设以体育场馆为龙头的大众消费产业带创造条件。

第三节 新建场地验收的标准与方法

一、新建场地验收的标准

体育设施的验收应严格按照国家规定的建筑、体育设施建设的相关标准进行。本节主要介绍几种体育场地面层验收的国家标准。

1. 木质场地验收标准（表6-5）

表6-5 木质场地验收标准

内容	性能标准	
	竞技体育	健身
冲击吸收/(%)	≥53	≥40
球反弹率/(%)	≥90	≥75
滚动负荷/(%)	≥1500	≥1500
滑动摩擦系数/μ	0.4~0.6	0.4~0.7

续表

内容	性能标准	
	竞技体育	健身
标准垂直变形/mm	≥2.3	不要求
垂直变形率 W_{500} /(%)	≤15	不要求

注 ① 垂直变形率 W_{500} 指标对举办一般国际以下级别及健身用场地不作要求。

② 球反弹率对没有篮球项目的全国性比赛以下级别及健身用场地不作要求。

2. 人造草坪验收标准（表 6-6）

表 6-6 人造草坪质量检验标准

测试项目		技术要求
外观		表面较平整，无明显凹凸不平，人工草坪密度均匀，色泽均匀
耐硫酸试验		在浓度为 80% 的硫酸中浸泡 72 小时，草皮颜色无变化，底层无异状
耐汽油试验		草皮在 90 号汽油中浸泡 4 小时，颜色无变化，底层无老化现象
抗拉强度/MPa	纵向	≥18
	横向	≥12
拉断伸长率/(%)	纵向	≥15
	横向	≥8
撕裂强度/(kn·m)	纵向	≥30
	横向	≥25
阻燃性		在样品上按 1m² 25~82 kg 的比例填充矽砂后进行试验，燃烧斑直径≤5 cm，为 1 级阻燃
紫外线照射		温度 50±5℃，降雨周期 18~102 分钟，湿度 90%~95%，照射 168 小时后草皮颜色基本无变化
抗拉强度/MPa	老化试验后纵向	≥16
	老化试验后横向	≥8
拉断伸长率/(%)	老化试验后纵向	≥10
	老化试验后横向	≥5
撕裂强度/(kn·m)	老化试验后纵向	≥25
	老化试验后横向	≥20

3. 塑胶跑道验收标准（表 6-7）

表 6-7 塑胶运动场地的性能指标

项 目	指 标		
	全塑型	混合型	复合型
拉伸强度/MPa	≥1.0	≥0.7	≥0.7
扯断伸长率/(%)	≥100	≥100	≥90
硬度（邵 A）（度）	45~60	45~60	45~60
回弹值/(%)	20	20	20
压缩复原率/(%)	≥95	≥95	≥95
阻燃性（级）	1	1	1

二、新建场地验收的方法

1. 木质地板场地的验收方法

铺设好的运动地板的平整度，用 2 m 靠尺测量，间隙应不大于 2 mm；在场地任意选间距 15 m 的两点，用水准仪测量标高，其标高相差值应不大于 15 mm。地板涂层的颜色不应影响赛场线段、标志的辨认，反光不应影响运动员的发挥，并具有耐磨、防滑、难燃的特性。地板材料及场地检验的详细方法参照 GB/T19995.2—2005（天然材料体育场地使用要求及检验方法第 2 部分：综合体育场馆木地板场地）。

2. 人造草坪的专业检测

参照国家体育用品质量监督检测中心人造草坪质量检验标准。一般性的检测方法有以下几种。

（1）材料识别法

① 草纤维材料：聚乙烯（PE）、聚丙烯（PP）、尼龙（PA）。

② 底部：羊毛复合编织布、网格纤维底部。

③ 胶水：丁苯乳胶、聚氨酯（PU）胶。

（2）型号识别法

① 对按草结构划分的型号进行判别：分为直草类、卷草类、直曲混合草类、单纤维种类等。

② 按草纤维质量划分的型号进行判别：分为 11 100D、7 400 D、8 800 D，D 是测量丝的纤度单位，每 9 km 为一单位，原则上 D 单位越大的质量越好。

③ 按编织方式划分的型号进行判别：按编织方式，分为 3/8 英寸、5/8 英寸、1/2 英寸和 3/4 英寸。草丝密度是一个关键指标，太疏和太密都会对人造草产品的质量有不良的影响。

(3) 其他识别法

① 可从人造草产品的结构、走针、刮胶、颜色、底布、密度等外观去观察辨别。

② 可通过产品技术指标辨别，如抗紫外线、抗老化、耐磨、弹性、阻燃性和防止静电等具体的测试数字评定产品质量最为客观。

3. 塑胶跑道的验收检测内容

① 使用测距仪进行相关项目的检测。
② 场地使用功能应符合举办所设田径项目竞赛的要求。
③ 合成跑道的平整度、厚度应符合中国田径协会对田径场地的规定要求。
④ 合成跑道的外观无气泡、裂痕或分层现象，接缝须平直、无明显痕迹。
⑤ 合成跑道与基层的粘接应牢固，无脱胶和凹凸现象。
⑥ 合成跑道的色泽应均匀一致，符合设计要求。
⑦ 合成跑道的表面纹理和边缝须符合标准规定。
⑧ 合成跑道的坡度，100 m、110 m 栏、400 m 长度必须符合规定要求。
⑨ 跑道宽和分道宽必须符合规定要求。
⑩ 内突沿高度、分道和直道数量必须符合规定要求。
⑪ 合成跑道的控制点线和点位线必须符合竞赛规则规定要求。
⑫ 田赛场地规格、预埋设施尺寸等必须符合规定要求。

第四节 场地大修或综合维护方案的制定

一、对场地大修或综合维护的必要性进行评估

(1) 场地实际状况的分析

对运动场地在实际使用中的状况进行分析，查找存在的问题，勘验场地损坏

的程度和数据,收集相关技术资料。

(2) 场地维护必要性和可行性分析

根据对场地实际状况的勘验结果,对场地维护的工艺、成本等进行分析,确定维护的实用价值、技术价值、经济价值等,提出场地维护必要性和可行性分析报告。

(3) 场地维护施工方案分析

准备编制施工方案的技术资料,对确定施工方案的各种要素进行分析,为施工方案的制定做准备。

(4) 场地维护成本分析

对场地维护人工、材料、机械等参照相关标准进行预算和分析,提出成本目标管理的计划和方法。

二、制订场地大修或综合维护的方案

1. 工程概况

(1) 工程概况

详细介绍场地的现状、维护的主要手段、经费投入量、维护目标、维护后达到的效果等。

(2) 编写依据

场地维护工程施工招标文件、维护工程设计图、场地实况详勘报告;现行中华人民共和国、行业及地区的有关法规、规范、定额及标准。

例如:

工程测量规范	GB J50026—1993
地基与基础工程施工质量验收规范	GB 50202—2002
混凝土结构工程施工质量验收规范	GB 50204—2002
砌体工程施工质量验收规范	GB 50203—2002
屋面工程质量验收规范	GB 50207—2002
建筑地面工程施工质量验收规范	GB 50209—2002
建筑给水排水及采暖工程施工质量验收规范	GB 50242—2002

2. 施工总体方案

① 施工准备。

② 技术资料管理措施。

③ 施工总体布置。

④ 施工总体平面布置。

3. 主要施工方案和技术措施

① 测量及土方工程。

② 基础施工方法。

③ 面层施工方法（PU 塑胶、沙土、运动地板、水泥等）。

④ 围栏等附属设施的施工方法。

⑤ 排水系统施工方法。

⑥ 喷淋系统施工方法。

⑦ 草坪建植施工工艺。

⑧ 机电安装工程。

4. 施工进度安排及保障措施

① 施工进度安排。

② 工期保证措施。

5. 文明施工及安全保障措施

① 文明施工的管理机构。

② 文明施工的工作准则。

③ 文明施工的标准。

④ 环境保护措施。

⑤ 文明施工奖罚制度。

⑥ 安全管理。

6. 质量保证措施

① 质量目标。

② 质量保证措施。

7. 施工资源投入计划表

① 人员投入计划。

② 主要机械投入计划。

【名词解释】

1. 识读设计施工图：根据已批准的初步设计或设计方案而编制的可供进行施工和安装的设计文件进行识别的方法与能力。

2. 维护方案：是指针对体育设施的设计施工总体方案、主要施工方案和技术措施、施工进度安排及保障措施、质量保证措施及施工资源投入计划表等的总称。

【思考题】

1. 如何识别施工图？
2. 如何对新建场地进行验收？
3. 如何制定场地大修或综合性维护方案？

第七章 器材配置与维护

【学习目标】
1. 能够提出场地器材配置改进意见。
2. 能够制定器材维护的实施方案。

【知识要点】
1. 场地器材发展趋势。
2. 场地器材合理配置的原则和方法。
3. 场地器材配置的改进建议。
4. 器材维护的实施方案。

第一节 器材配置

一、场地器材发展趋势

1. 材料绿色化

国际公认的"绿色材料"是指在原材料选取、生产制造、使用过程、废料处理等过程中，对地球环境的影响最小，对人类的生存和健康有利的材料。包括了对原材料利用、生产过程、施工过程、使用过程、废旧处置等过程的分项评价和综合评价。即除了对其实用性有要求外，还必须对其维护人体健康、保护环境有所要求。

2. 运行智能化

智能运行就是指对场地器材的日常使用、管理以及综合利用、多功能转换等进行电脑智能操作运行等。

二、场地器材合理配置的原则与方法

器材的合理配置有一定的规律可循，并非是简单的搭配。一般来讲，器材的合理配置应主要考虑以下几个原则。

1. 平衡性原则

器材的选购、搭配应建立在器材的特点上，即器材的各部分在整体技术性能档次上应基本一致和协调，否则容易出现不协调，甚至是相互排斥，无法正常工作。

2. 互补性原则

器材组合应遵循"新旧互补"、"空间搭配"。

3. 实用性原则

组合器材不要盲目追求高档次，不要脱离实际环境的限制和经济承受能力，根据实际条件组合出符合场地需要才是最好的组合。要明确开支以缩小选择的范围，从而在自己的支付能力内较快地找到适合的器材配置。

4. 高效性原则

场地器材搭配得好往往会收到比器材本身高的效果，但如果没有积极的方法去发挥它们最好的性能，无疑就会抹杀这些优秀器材的本质。选择器材时，要根据各品牌、性能进行搭配。

三、操作技能

（一）器材配置改进的原则

1. 科学性原则

科学性，就是要求器材配置的改进方案要实事求是，要方法正确，方案表达准确。

2. 客观性原则

科学性要求实事求是，客观性要求一切从实际出发。因此，器材配置的改进必须尊重客观实际，决不可凭自己的好恶去实施。

3. 先进性原则

器材配置的改进要根据竞赛规则和器材的最新生产工艺，体现其先进性。

(二）场地器材配置的改进方案

改进方案的步骤是一种系统化的过程，改进通常是阶段性的，要观察每个阶段各个过程的整体效果，而不是分散进行。具体的步骤如下。

1. 选择适当的改进机会

器材配置的改进应选择适当的时间接口，如大型赛事活动前、运动规则变化后。

2. 制定改进方案

把需改进的方案具体指标进行细化，并确定改进的具体目标。

3. 优化改进方案

对器材配置改进方案进行分析、评估和优化。

4. 采取相应措施

为确保改进方案的实施，应采取相应的措施，保证改进后器材的先进性。

5. 确认改进结果

对改进后的器材配置进行评价，确认改进后的效果。

第二节 制定器材维护和预算方案

场地器材维护的实施方案是一项复杂的工作，又是一项有序的系统工程，需要很强的计划性，要做到有序、有控，以确保场地器材维护的质量。因此，场地器材维护的实施方案必须重视研究方案的设计。

场地器材维护的实施方案有多种形式。它是合理组织场地器材维护活动的必要条件，是为完成场地器材维护任务而详细编制成的"施工蓝图"。在制定场地器材维护的实施方案时，不仅需要认真考虑场地器材维护的自身状况、具体问题、维护方法，以及维护条件、程序步骤，还应充分预计到可能遇到的问题与困难，留有备用的时间，增加调整、回旋的余地。在场地器材维护实施方案的制定过程中，还应广泛征询别人的意见，听取同行的建议，多交流，多讨论切磋场地器材维护的具体方法，从而使整个方案趋向完善。

一般来讲，场地器材维护的实施方案主要包括以下几个内容。

（一）维护依据

维护依据亦即器材维护的目的与意义。在场地器材维护的实施方案中，要简明扼要地阐明选择本维护方案的目的、出发点以及本方案的现实意义。结合器材维护的规律和器材使用的状况提出维护的依据。

（二）维护范围

器材维护选择的范围主要指器材维护的内容、对象以及所需用的资料、设备等方面的范围。只有确定了器材维护的范围，才可能使器材维护工作能集中优势兵力，有的放矢地进行。

（三）维护程序

器材维护必须预先有一个大致的安排，使所有器材维护人员都能做到心中有数。器材维护的步骤、方法和时间进程都是确保器材维护方案实施的具体保证。在规划时间进程时，要预留一定的时间解决维护过程中出现的特殊问题，做到有备无患。

（四）维护要求

器材的维护要保证器材维护后的安全性、标准性和舒适度。

（五）维护条件

器材维护需要一定的人力、物力、财力及设备等条件来保障和支撑。因此，在器材维护方案中，对器材维护需要的设备、设施、材料、经费等都必须事先分类分项做出估算。

（六）维护指导

对器材的维护应本着专业性和熟练性的原则，必要时必须选择专业人员进行指导。

器材维护方案主要包括上述几个方面内容，但在实际过程中，器材维护方案并不是一成不变的。在实施方案中，如果出现了一些预料不到的特殊情况而影响其正常开展，那就必须迅速及时地对方案进行必要的修正。

【名词解释】

运行智能化：就是指对场地器材的日常使用、管理以及综合利用、多功能转换等进行电脑智能操作运行等。

【思考题】

1. 场地器材合理配置应遵循哪些原则？
2. 如何设计场地器材配置的改进方案？
3. 如何制定场地器材维护的实施方案？

第八章　制订设备管理方案

【学习目标】
1. 能够制定专用设备管理方案。
2. 能够制定公共设备管理方案。

【知识要点】
1. 专用设备的结构与原理。
2. 专用设备的性能。
3. 专用设备的使用和维护要求。
4. 专用设备管理方案的制定。
5. 公用设备管理方案的制定。

第一节　专用设备的管理

一、专用设备管理的知识

专用设备是体育场地工设备管理的主要对象，必须制定严格的管理方案，明确管理目标和管理责任，细化操作规程，精心组织实施，其管理方案的内容主要包括以下方面。

1. 目标管理：专用设备管理的目的、意义和希望达到的效果。
2. 计划管理：设备、人力、财力的计划与配置。
3. 组织管理：机构设置、资质管理、业务培训。
4. 安全管理：保障安全生产的措施和制度。

5. 日常技术管理：调试检测、操作规程、技术监督。

6. 设备维护与更新管理：维护保养的要求、更新更换的原则。

7. 能源管理：节能管理规定。

8. 奖励制度：对管理好、操作好、安全好、节能好的班组和个人进行奖励；反之给予处罚。

二、专用设备管理方案的制定

专用设备的管理方案要根据场馆的实际情况，本着安全、高效、低耗、务实的原则制定。现以某游泳池机房设备管理方案（3个水池）为例。

（一）目标管理

通过对游泳池机房设备的管理，保证设备的正常运转，确保池水的各项指标符合国家卫生标准，为消费者提供安全、卫生的水质服务。

（二）计划管理

根据设计要求，本机房的设备与人员配置如下。

1. 设备配置

① 过滤系统3套。

② 氯消毒系统3套（包括次氯酸钠发生器1套）。

③ 臭氧消毒系统1套。

④ 设备运行监控系统1套。

2. 人员配置

① 领班1名。

② 设备操作工4名（全天候，4班3运转）。

③ 设备维修工1名。

3. 经费预算

① 人头费按计划编制划拨。

② 维持费10万（包括消毒材料、单件200元以下零件更换，单次1 000元以下设备小修）。

（三）组织管理

机房的业务管理隶属游泳中心。设备操作工须经过中级以上体育场地工培训；设备维修工须经过高级以上体育场地工培训，且具有水工或电工上岗证书；领班须经过技师以上体育场地工培训。上述人员的资质应按规定年限进行复审。

（四）安全管理

机房安全管理规定如下。
(1) 按时上下班，交接有记录。不得迟到、早退或空岗。
(2) 当班期间须严格按照操作规程，做好操作记录。
(3) 发现问题应立即报告并采取应急措施。
(4) 按要求认真、准确地填写水质检测的各项数据。
(5) 上班时间必须坚守岗位，认真巡视。
(6) 机房内不得吸烟，不得使用明火。
(7) 设备维修必须在停机状态下进行，严禁带电作业。
(8) 机房领班必须对安全工作进行检查，发现问题立即整改，并做好安全工作记录。

（五）日常技术管理

见相关操作规程。

（六）设备维护与更新管理

参照相关规定。

（七）能源管理

节能管理规定如下。
(1) 全体同志必须树立节能意识，并在工作中贯彻、落实。
(2) 设备使用的时间和数量应根据水质处理的实际需要，不盲目使用。
(3) 池水的补充应根据需要先测算，后进行，以满足需要为原则。
(4) 药剂的添加应按规定进行，减少浪费。
(5) 加强设备检修，杜绝跑、冒、滴、漏。

(6) 机房淋浴间只供机房工作人员使用，严禁非机房人员进入，不得在淋浴间洗衣物。

（八）奖励制度

在年终总结的基础上评选先进工作者，并上报中心给予精神和物质奖励；对工作表现不好的或由于违规操作造成损失的，上报中心给予批评教育、经济处罚或调离机房。

第二节　公共设备的管理

一、公共设备管理知识

公共设备是体育场地工的兼管对象，与体育场地的环境、安全等管理密切相关，需要明确职责，规范操作，共同维护。其管理方案的主要内容包括以下方面。

(1) 计划与配置：根据场地环境、安全管理的需要和相关部门的规定制定公共设备配置的种类、型号、数量等。

(2) 组织与兼管：根据场地公共设备的使用要求和人员编制情况，明确设备的管理部门和操作人员，制定公共设备管理规定。

(3) 操作要求：明确场地工对公共设备的兼管要求、操作要领和注意事项。

(4) 安全管理：对公共设备的安全问题提出管理要求。

(5) 维护与保养：明确设备维护、保养的要求与分工。

二、操作实例

以某体育馆消防器材设备的管理方案为例。

（一）计划与配置

(1) 消防报警系统1套。

(2) 烟感器按设计安装。

(3) 灭火器每层4套。

(4) 手推式储压干粉灭火器每层 4 套。

(5) 手提式 1211 灭火器 10 只，配置在广播、配电、值班、机房等重点部位。

（二）组织与兼管

消防器材设施的管理由馆办统一进行。消防报警系统安置在值班室内，由值班员监管，消防器材由义务消防队员应急扑救时使用，除此之外任何人都不得挪动。

（三）操作要求

按消防器材操作规程。

（四）安全管理

对消防器材设备的安全管理提出要求。

（五）维护与保养

消防器材的维护保养由馆办按要求与消防主管部门联系进行，场地工负责其外部清洁、保养。

【名词解释】

1. 专用设备管理：以体育场地专用设备的选择、评价、使用、维修和更新等管理事项为对象而制定目标、责任、操作规程等一系列过程称为专用设备管理。

2. 公共设备管理：以体育场地公共设备的选择、评价、使用、维修和更新等管理事项为对象而制定目标、责任、操作规程等一系列过程称为公共设备管理。

【思考题】

1. 如何制定专用设备管理方案？
2. 如何制定公用设备管理方案？

第九章 技师培训指导与监督管理

【学习目标】
1. 能够对技师进行理论培训和技术指导。
2. 能够对体育场地工进行监督与管理。

【知识要点】
1. 对体育场地工技师进行业务理论培训和技术指导。
2. 制定体育场地工的技术规范。
3. 对技术规范执行情况进行检查与监督。
4. 场馆经营与管理的知识。

第一节 技师的培训与指导

一、培训与指导知识

科学技术的进步对体育场地工的职业技能提出了越来越高的要求。特别是高级技师具有扎实的专业理论知识、高超的操作技能、丰富的工作实践经验,是技术发展和创新的中坚力量。因此,加强对体育场地工的职业技能培训与指导,使其不断地适应工作环境的变化和职业技能的发展,显得尤其必要。

（一）培训目标

1. 培养专业素养

目前我国高级技术工人的人数偏少,据有关资料显示只占技术工人总数的5%

左右。体育场地工的技师和高级技师更是偏少，远远跟不上体育场馆发展的要求。目前，我国体育场馆技术工人总体水平不高，迫切需要培养新一代体育场地专业知识全面、知识结构合理、操作技能娴熟的技术工人。

2. 提升管理水平

随着我国竞技体育事业的不断发展和全民健身计划的逐步实施，体育场馆建设飞速发展，一座座现代化的体育场馆拔地而起，原有的一些体育场地的技术工人无论是在数量上还是技术水平上，远远跟不上体育场馆发展的管理，必须培养高水平的技术操作工人，以满足人民群众对现代化体育场馆服务管理的需求。

3. 提高指导技能

高级技师应熟练地掌握体育场地工培训与指导的技能，能够承担高层次技术工人的培训指导任务，能根据体育场地相关技能鉴定考核标准和实际培训工作要求，设计方案、制定大纲、编写教程或讲义，并组织有关人员实施培训工作，在培训中运用教学、现场指导等形式，把自己掌握的专业理论知识和高超的操作技术和技能传授给培训对象。

（二）培训对象的特点

实施培训前要全面了解培训对象的思想情况、知识水平、学习兴趣和求知需求等特点。

1. 经验丰富

培训对象有数年的工作经历，积累了丰富的工作经验。

2. 技术熟练

培训对象参加过体育场地工的正规培训和考核，专业理论知识扎实全面，实际操作技术较熟练，操作技能较高。

3. 学习主动

培训对象学习目的明确，能主动学习，能积极参与互动教学，并不断完善自我。

4. 求知创新

培训对象渴望通过培训进一步扩展、丰富专业知识，提高自我创新的能力，并希望通过培训增强指导其他技术工人进行技能操作的能力和解决实际工作中疑难问题的能力。

（三）对技师进行技术指导的要点

1. 按照国家职业标准的要求安排教学内容

国家职业标准规范了本职业不同等级职业技能的要求，因此，必须按照国家职业标准的要求，依据教学大纲和培训教程规定的范围，安排相关的培训指导内容。

2. 根据职业发展趋势安排教学内容

随着体育场地工职业的不断发展，其工作范围越来越广，职业技能的要求越来越高。他们需要不断进行知识的更新，才能不断地适应职业发展的需要。因此，培训内容的安排不但要满足现实工作的需要，还要具有一定的前瞻性。

3. 根据培训对象的特点安排教学内容

培训对象已经具有一定工作阅历和经验，他们对本职业已经有了较充分的理解，对职业技能的掌握已经达到一定的层次。因此在安排教学内容时，就要根据他们已经从事或将要从事的岗位要求，以及职业技能的特殊要求，有针对性地安排教学内容。

（四）对技师进行技术指导的注意事项

1. 遵循职业活动规律

对技师的技术指导要掌握技师的职业活动规律，有的放矢，注重提高。

2. 理论与实践相结合

对技师的技术指导要理论与实践相结合，既不能偏重理论，也不能局限于实际工作，通过技术指导，使他们的实际工作经验得到升华。

3. 培养创新意识

对技师的技术指导要立足于激发他们的技术改造和创新意识，使他们能够在职业活动中不断地运用和推广新技术、新理念。

二、培训与指导的操作

（一）编写教材或讲义

1. 研究《国家职业标准》、行业有关规定

编写前要认真研读《国家职业标准》、培训大纲、行业的相关规定，深刻理解，并在编写过程中准确反映。

2. 搜集相关知识和技术资料

为使编写的教材内容丰富，符合体育场地工职业要求，编写前应广泛搜集相关的知识和技术资料。

3. 确定教材内容

（1）确定学习目标和章节提要

为了便于教学与培训，每一章都要有学习目标和章节提要，应从内在逻辑上对本章的主要内容进行串联，使读者能够简洁明了地了解本章的内容脉络。

（2）合理安排相关知识点

教程或讲义各等级之间的理论和技术、技能知识的安排要合理，既不能重复，也不能遗漏，并防止过多、过难、过深。具体要做到以下几点。

① 知识安排要使用最新标准：教程或讲义编写的内容要严谨准确，采用的规则、计量、单位或标准要符合国家公布的最新标准。

② 用词格式要规范准确：教程或讲义中使用的名词术语、文字书写、编排格式和图表说明都要直观清楚，规范准确，不能产生歧义。

③ 使用语言应简明扼要：教程或讲义表述的语言要简明扼要，生动形象，通俗易懂，贴近实际，便于培训对象学习和理解。

（3）布置理论和操作练习题

为使学员进一步掌握知识、巩固技能，每章都要布置理论和实际操作的练习题，技术技能指导部分要设置实践操作练习题。

（4）注释相关内容

在教程或讲义的最后，应交代编写说明和参考文献等，并将与内容相关的图书、文章和资料的有关信息推荐给培训对象。

（二）设计培训方案

1. 了解培训目标和任务

方案设计前要了解培训的目标和任务，明确培训的等级、内容、要求及预期效果。

2. 制定培训大纲

（1）安排培训内容

培训大纲知识点安排十分重要，这将关系到培训是否能达到预期目标。应根

据培训的等级、类别和对象的职业技能,制定培训大纲。大纲应体现理论与实际结合的原则,相关知识、操作技能要前后衔接,由浅入深,相互联系,梯度分明。

(2) 安排教学进度

培训大纲要科学安排教学进度。体育场地工的培训,时间短、内容多,既要学习专业理论知识,又要进行操作技能的培训。大纲要科学安排培训进度,保证培训环节循序渐进、完整统一。

(3) 考虑学习需求

制定培训大纲时应充分考虑培训对象学习需求,有针对性地安排培训知识和内容,使培训对象通过学习能学有所得,学以致用。

(4) 确定承办单位

确定培训点是筹划培训的一部分,为使培训计划切实可行,要先调查培训机构的组织能力、培训所需教室和场地、教学相关用具、师资力量、食宿和交通等相关条件,然后再确定培训的承办单位。

(5) 明确组织机构

组织机构是实施培训工作的主体,方案中应予以明确并赋予相应的职能,对师资及辅助人员的配备要提出相关资格及能力要求。

3. 制订培训计划

(1) 培训计划的制订

培训计划一般按下列的基本顺序来制订。

① 确定培训目的:明确培训目的和培训重点。

② 确定培训题目:题目最好能清楚明白并具有弹性。

③ 检查教材内容:要列举包含教材在内的全部内容,其中重点项目需列示。

④ 决定培训方法:根据培训实际情况,决定培训的方式。

⑤ 选定器材和教具:为了增强培训效果,应采用多媒体辅助工具和培训教具。

⑥ 设计培训手段:要根据培训对象的特点,设计多种多样的培训手段满足实际培训的需求。

⑦ 分配培训时间:为保证培训的顺利进行,合理安排培训时间。

(2) 培训计划书的撰写

培训范围和项目决定之后,开始撰写培训计划书,包括以下内容。

① 培训名称。

② 培训所需要的时间。

③ 培训授课方式，如讨论、案例研究、座谈等。
④ 讲义中重点强调内容。
⑤ 授课案例。

(3) 讲义资料的选择

讲课前可选择一些与培训相关的资料作为讲义的补充。

① 公文资料：与培训内容相关的文件。
② 研究成果：与培训有关的科研成果。
③ 新闻资讯：与培训有关的最新背景资料。

(4) 理论培训

① 按教程的内容系统地讲解专业理论：按照教程的内容科学合理地传授相关专业理论。

② 按培训需求安排专题研讨：根据当前现代化体育场馆建设和维护的任务，安排一定时间进行专题研讨和交流，通过研讨和交流巩固培训指导的成果，培养学员的研讨能力，激发学员自觉参与研发新技术、新方法的积极性。

③ 参与相关课题交流：以课题交流的形式对当前现代化体育场馆维护和管理中的一些疑难问题进行研究，要求学员结合工作实际，对课题内容展开交流、研讨，并写出科研论文，评定科研论文成绩，此成绩将作为晋升技术等级的重要依据。

(5) 技术指导

为使用培训对象能掌握高、新、难的操作技术，提高操作技能，可重点讲解（介绍）或演示以下几方面体育场地管理的操作技术和技能。

① 体育场地保洁标准化管理方案的制定。
② 体育场地保洁中疑难问题的解决方案。
③ 体育活动器材布置优化方案的制定。
④ 体育活动器材布置疑难问题的解决方案。
⑤ 体育场地器材功能的评估。
⑥ 特殊器材的维护与调试。
⑦ 场地专用设备安全操作规程的制定。
⑧ 公共设备使用和管理的方案。

第二节 体育场地工技术规范的制定

一、相关知识

(一) 体育场地工的专业技术管理

体育场馆的运营管理与体育场地工密切相关。加强对体育场地工的管理,尤其是技术层面的管理,是提高体育场馆管理效益的重要环节。

1. 技术管理方案内容

(1) 管理组织

建立体育场地工的管理组织,明确各级管理组织的名称、主要负责人、岗位设置、岗位分工及各岗位的任务与职责。

(2) 管理计划

管理计划分为年度工作计划和专项工作计划。

年度工作计划一般在年初根据当年工作目标制定。年度计划包括指导思想、主要工作任务、日常工作要求、岗位责任人、各项任务的完成时间等。

专项工作计划是针对某项大型赛事或活动而制定的具体工作方案。包括具体工作任务、详细分工、工作进度、相关要求及各专项责任人等。

(3) 技术岗位安排

根据各岗位相关工作要求,合理安排不同技术等级水平的体育场地工;根据岗位设置的情况,提出调配、补充相关技术工人的建议。

(4) 规章制度

为保证场馆维护工作的正常开展,应制定切实可行的规章制度,明确相应的劳动纪律、技术操作规程和工作质量监控的有关要求。

(5) 技术培训

根据体育场地工培训、晋级的需要和掌握业务知识水平及实际操作技能情况,适时安排培训或提出培训建议。

2. 技术管理方案制定的原则

(1) 与目标和任务一致的原则

管理的目标和任务是我们制定体育场地工管理方案的依据,因此首先要了解和明确工作的目标和任务，根据本单位场馆管理工作的实际，制定体育场地工管理方案。

（2）与专业要求一致的原则

制定的管理方案必须与体育场地工专业要求相符合，能够反映体育场地工的职业特色。

（3）广泛听取意见的原则

为使管理方案能得到执行者的广泛认可，得以贯彻落实，在制定管理方案时要组织有关人员进行充分讨论研究，集思广益，在广泛听取意见的基础上研修方案，最后提交领导审批。

3. 实施管理方案的措施

（1）加强素质教育

要加强对体育场地工的素质教育，倡导热爱本职工作的敬业精神，不断培养他们的主人翁意识，提高全体人员执行管理方案的自觉性。

（2）提高业务水平

注重体育场地工业务理论知识和操作技能的提高，是管理方案得以贯彻执行的保证。

（3）强化约束机制

建立相应的规章制度，对体育场地工工作进行检查和监督。出现违反制度的现象，要及时加强职业教育；对严重违反劳动纪律的人员要进行处罚，做到违章必究，赏罚分明。

（4）严格操作规范

体育场地工应在各自的岗位上，严格按照操作规范要求，完成相应的操作任务。因此，要经常检查和监督各岗位操作规范的执行情况，对不规范的操作要给予及时纠正，确保安全、有效地完成各项工作任务。

4. 技术岗位设置

为深化体育场馆用人制度的改革，促进体育场地工管理的科学化、规范化、制度化，推行岗位责任制。

（1）岗位设置的依据

在设置技术工人岗位时应将体育场馆的主要功能定位、规格和规模、承担的工作任务、维护操作技术要求等作为岗位设置的依据。岗位设置应具有明确的岗位名称、职责任务和任职条件。

(2) 岗位设置的原则

岗位设置应遵循以下原则。

① 遵守法律和政策原则：根据相关法律及上级有关岗位设置的政策规定，按照本单位核准的技术岗位总量、结构比例和等级来设置岗位。

② 科学高效原则：体育场地工岗位设置应遵循科学合理、精练高效的原则，形成岗位设置合理、人员配置优化、职责明确、运作高效的工作机制。

③ 灵活机动原则：体育场地工岗位设置应灵活机动，满足实际操作岗位的需求。

(3) 制定技术岗位职责

岗位职责是对体育场地工任务、职责的规定，其目的是明确工作岗位和内容，责任到岗、责任到人。

（二）技术规范的制定原则与要求

为使体育场地工都能按照要求规范作业，必须制定相应的技术规范。

1. 技术规范制定的基本规则

① 贯彻执行国家和地方有关的法律、法规、规章和强制性技术规范。

② 充分考虑消费者和市场需求，保证服务质量，保护消费者利益。

③ 在条件许可的情况下尽可能采用国际技术规范。

④ 有利于新技术的发展和推广。

⑤ 体育场馆制定的技术规范应与行业、地方、国家的技术规范之间协调一致。

2. 技术规范制定的基本要求

① 在技术规范的范围所规定的界限内按需要保持完整。

② 清楚、准确、相互协调。

③ 充分考虑最新技术水平。

④ 为未来技术发展提供框架。

⑤ 能被未参加技术规范编制的专业人员理解。

（三）场馆经营与管理的知识

世界经济正在发生着深刻的结构性变化，服务在经济生活中的重要作用日益凸显。随着人们生活水平的不断提高，体育消费需求层次越来越高，日益变得多样化、个性化，而传统的服务质量管理与过程控制已不能全面适应锻炼者愈来愈复杂的新需求，而且服务内容日渐丰富，体育场馆与锻炼者之间接触的范围不断扩大。因此，在新的环境下，体育场馆的市场经营与开发，必须跳出传统的框架，重新审视自己所面对的市场，真正建立以服务为导向的体系。

1. 特许权经营

特许权经营是指政府为项目的建设和经营提供特许，由民间公司或外国公司作为项目的投资者安排融资、承担风险、开发建设，并在有限的时间内经营项目以获取商业利润，最后根据协议将该项目转让给政府机构。当然，对项目承办人来说，政府对投资者以特许协议形式为项目提供担保，包括项目的后勤担保、不正当竞争担保和经营期保证，还存在着超过一般投资项目的商业风险和政治风险。主要体现在以下几个方面。

项目的后勤保证：政府可保证向体育设施建设项目提供建设用地，以合理的价格提供原材料和能源，以及与项目实施有关的技术和管理人员、实施项目所需物资、器材和入境等。

经营期保证：对项目主办人而言，经营期越长越有利，对政府则不利。政府应该保证特许项目主办人合理的经营期限，项目主办人在经营期内享有合法的经营权，政府不得因为主办人获利丰厚而要求提前收回项目或采取其他贬损其利益的行为。

不竞争保证：政府承诺在同一地区不设立过多的同类项目，以避免过度竞争引起投资者经营收益下降而影响投资回报。

2. 托管经营

所谓托管经营，是指委托人基于对受托人的信任，将对公共体育设施的财产、人员、业务所享有的管理权、处置权委托给受托人，由受托人根据托管协议及与托管事项有关的其他书面文件的约定，以被托管人的名义，为了被托管人的利益和委托人的目的，进行管理和处置的行为。

托管经营的特征有以下几点。

第一，托管经营所涉及的主体有委托人、受托人和被托管人。其中，委托人是指公共体育设施的主管部门；受托人是股份有限责任公司，并且受托人应当具有管理和经营体育设施的经验；被托管人是拟被主管部门实施托管的有关体育设施。

第二，受托人所拥有的权利为体育设施主管部门对原体育设施的财产、人员、体育设施经营业务所享有的管理权和处置权。

第三，在实施托管的过程中，三方主体应当签订托管协议和与托管事项有关的其他书面文件。

第四，受托人在根据托管协议和与托管事项有关的其他书面文件的约定行使其权力时，不得违背托管的最高准则，即为了被托管人的利益和委托人的目的。

3. 授权经营

所谓授权经营，是指由政府或国有资产管理机构，按照有关规定，将国有资产授给一些新成立或由其选定的机构，使其能够代表国家持有一般企业中的产权和股权，并相应地行使资本投资、营运和管理等权利，承担国有资产保值增值责任的一种国有资产经营形式。即被授权经营的单位通过委托协议，以合同方式履行出资人职责，在法律范围内明确享有出资人权益。

无论是采用何种经营方式，体育场地的管理都必须坚持以体为主，多种经营的思路，突出体育场馆的本质功能，充分发挥体育场地工的专业技术特长，满足人民群众体育消费的需求。

二、操作技能

（一）体育场地工聘用与培训

1. 体育场地工聘用

体育场地工的岗位聘任，应采用以下程序。

① 岗位公开：根据要求在一定范围内，公布拟竞聘的岗位、资格、标准和其他要求。

② 公平竞聘：聘请有关专家，根据竞聘方案对应聘者进行公开、公平、公正的专业理论和操作技能测试。

③ 择优聘任：根据专业理论知识和操作技能测试的综合成绩或水平，择优选拔。

④ 合同管理：根据政府用人的相关规定和本单位技术工人聘用管理的相关要求，与被聘用者签订聘用合同，并明确工作条件、工作任务、操作要求及工资、福利等。

2. 岗前培训

为保证体育场地工上岗后能各负其责，高质量地完成各项操作任务，首先要进行岗前培训。

① 明确工作任务

向技术工人布置所在岗位的相关工作任务,并对技术工人保质保量地完成任务提出明确要求。

② 进行岗位技术培训

对体育场地工进行岗位技术培训,熟悉岗位技术规范和要求。

③ 规范安全操作行为

明确岗位安全操作的有关规定,防止意外伤害事故发生。

④ 明确劳动纪律

明确体育场馆的各项劳动纪律和体育场地工的岗位要求。

(二) 技术规范的制定、管理与监督

1. 技术规范的制定

① 技术规范的陈述:对体育场地工的某项操作技能进行描述。

② 相关文件的应用:在技术规范中体现国家、地方、行业的相关规定。

③ 术语和定义:技术规范中出现的术语和定义应遵循科学性、系统性、通俗性、统一性的原则。

④ 提出要求:针对某一项技术提出具体的要求和措施。

2. 技术规范的管理

① 组织体育场地工按照岗位职责学习技术规范。

② 按照技术规范的要求进行实际操作,提高体育场地工的业务技能。

③ 对技术规范的种类和操作过程进行资料整理与分析。

3. 技术规范的检查与监督

(1) 检查文件和记录

① 检查岗位职责实施情况。

② 检查操作规范和管理制度的落实情况。

③ 检查操作过程的记录情况。

(2) 现场检查与监督

① 对操作人员的岗位职责和操作要求进行检查与监督。

② 对管理部门的管理目标、任务、职责、要求进行检查与监督。

【名词解释】

1. 培训指导：为了达到统一的科学技术规范、标准化作业，指导员工通过一定的教育培训，达到预期的水平。

2. 技术规范：有关使用设备工序，执行工艺过程以及产品、劳动、服务质量要求等方面的准则和标准。

3. 经营管理：对整个生产经营活动进行决策、计划、组织、控制、协调，并对企业成员进行激励，以实现其任务和目标一系列工作的总称。

【思考题】

1. 如何设计技师培训指导方案？
2. 如何制定体育场地工技术规范？
3. 场馆经营与管理包括哪些模式？

第十章 技术研究与改造

【学习目标】
1. 能够借助工具阅读场地、器材、设备的外文技术资料,并在专业刊物上发表论文。
2. 能够对体育场地、设备、器材进行技术鉴定。
3. 能够对体育场地、器材、设备的新技术、新材料、新工艺进行应用和推广。

【知识要点】
1. 外文资料的查阅方法。
2. 国内外体育运动及场地建设的新动态、新理念。
3. 对场地、器材、设备的功能和使用状况进行技术鉴定。
4. 对场地、器材、设备的新技术、新材料、新工艺进行应用和推广。
5. 开设专业技术讲座。

第一节 专业技术总结的撰写

一、相关知识

(一) 论文撰写的要求与方法

论文就其内容来讲,一种是解决学科中某一问题,用自己的研究成果加以回答;一种是只提出学科中某一问题,综合别人已有的结论,指明进一步探讨的方向;再一种是对所提出的学科中某一问题,用自己的研究成果,给予部分的回答。论文注重对客观事物作理性分析,指出其本质,提出个人的学术见解和解决某一问题的方法和意见。

1. 论文写作的基本要求

(1) 科学性与独创性

理论是发展的，因此论文的科学性必然是相对的。这里的科学性除了指论点在更大程度上能够反映教学现象的本质及其关系（具有较高的解释力）外，主要指论证符合逻辑，表达能够让别人理解，具有一定指导价值。同时独创性也是相对的，比如：所提问题在体育场地、器材和设备领域有一定的新颖性；虽然是别人研究过的问题，但作者从新的角度提出了给人以启发的结论；能够用自己有力而周密的分析，澄清人们对某一问题的混乱看法；用新的理论、新的方法提出解决实际问题的策略或思路；用相关的理论在一定程度上解决了实际问题，等等。

(2) 实践性与理论性

实践性即为论文所提出的观点或理论对别人的技术实践有意义，表现为直接可以应用，改造后可以应用，有指导作用，有启发作用；所谓理论性，不是仅仅指论文中是否运用了已有的理论，而主要是指论文中要有自己鲜明的观点，论证严密，结构严谨，并有一定的抽象程度。

(3) 灵活性与规范性

论文的写作与表述，在结构、语言、风格上一般是因人而异，具有较大的灵活性。另一方面，现行期刊对发表论文在格式上有特殊的要求，通常一篇较为完整的论文的格式规范要包含标题、署名、作者单位（含地址、邮编）、摘要、关键词、正文和参考文献。对于题目，一般要求观点鲜明、清楚，表述准确、简洁，论域不宜过大或过小。对于摘要，一般要求对原文做客观介绍、不加评论，完整、独立成文，简洁，不超过300字。关键词，即从文中选取的、用以表示全文主题和核心内容的单词或术语，一般为3~5个。对于正文，就一般的论文来讲，它没有固定的格式和规范，不同的人可以有不同的风格；但是对单纯的专业技术论文来讲，它的写作格式要求比较严格，正文部分至少应该有以下6项。

① 研究目的包括研究问题的定义、意义、性质、内容等，文献综述，研究假设和要解决的问题等。

② 研究方法包括：具体的研究方法，材料和研究工具，研究设计与程序等。

③ 研究结果包括定性分析的结果和定量分析的结果（通常用表、图来表示）等。

④ 讨论包括解释研究结果，推出一般结论，建立与验证理论，指出应用价值，指出研究的不足等。

⑤ 结论。
⑥ 对策与建议。

2. 论文构思与结构

论文构思，即解决布局和结构问题，显然它因课题不同而不同，同时也因人而异，但一般主要考虑以下几点。

① 重点突出。
② 布局结构均衡。
③ 内容顺序合理。

3. 关于论据与论证

通常论证有两种方式：立论和驳论。立论即为从正面直接论述自己的观点（或论点）的合理性与正确性。具体的方式有以下几种。

(1) 例证和引证

前者为用真实的、典型的、有普遍意义的具体事实作为论据的论证方法；后者为用已被实践证明了的科学原理或研究成果等理论根据作为论据的论证方法。

(2) 分析阐述法

即通过对问题所包含的事理进行阐述、分析，揭示其联系，使论点得到证明、深化的论证方法，这里通常有因果分析、角度分析、层次分析等。

(3) 演绎推理法

通常有3种形式。

① 反驳论点：即批驳他人的论点概念不清、不实、片面，甚至错误等，既可以直接反驳，也可以间接反驳（反证反驳或归谬反驳）。

② 反驳论据：即通过批驳他人的论据使其论点失去支持而被驳倒，比如可以证明被反驳的论据虚假，证明从反驳的论据中得不出被反驳的论题，证明对方所使用的论据不是其论题成立的充足理由。

③ 反驳论证：即从揭示对方论证过程中的逻辑错误入手，证明对方的论点与论据之间没有必然的联系。

（二）外文资料的查阅方法

外文资料的查阅首先要具备一定的外文阅读能力，或者可借助一定的工具阅读外文。外文资料的查阅方法与其他资料的查阅方法相似，一般可通过以下途径。

(1) 姓名查阅法

有多位作者的可通过查阅第一作者，姓前名后，如 Einstein，Albert。

(2) 书名查阅法

通过书的全名进行查阅。

(3) 章节查阅法

通过参阅书的章节或部分进行查阅。

(4) 译者查阅法

若是编译的资料可通过译者名或编者名进行查阅。

(5) 版次、卷号查阅法

若是系列书中某部分内容可通过版次、卷号进行查阅。

(三) 国内外体育运动及场地建设的新动态、新理念

1. 自然共生化

注意与自然环境的结合和协作，使人的行为与自然环境的发展取得同等地位，尊重自然、保护自然，尽量小地对自然环境进行变动。要能充分利用太阳能；要有良好的自然采光系统；气密性良好，又有充分的自然通风条件；发挥大环境自然空调的作用。

2. "以人为本"化

基本的条件就是要空气质量良好，有充分的自然通风条件；有良好的声环境，噪音阻隔控制达到一定标准；有良好的自然采光；有比较舒适的温湿度。另外，还要有美好的视觉感受，以及眼、耳、鼻、舌、身、肤全感官的美感。

3. 人文环境化

延续地方文化和民俗，充分利用当地的材料，结合地域气候、地形地貌。

二、操作技能

(一) 专业技术外文资料的收集与整理

1. 文献资料初步整理加工

① 做文献资料的目录登记，要求尽量完整和准确，最好用卡片式登记，便于携带、保存、分类、归纳、查找和使用。

② 根据资料与专题的相关度确定取舍分类形式。

③ 根据确定的保存形式进行初步整理加工（分类保存）。

④ 对多次出现在不同目录书中或多次被其他文献引用的新观点、新资料要重点查阅。

⑤ 对孤证资料尤其要慎重，不可轻易舍弃。

2. 文献资料进一步整理加工

分类建立了卡片库后，紧接着应将有用的信息记录在卡片上。

(1) 做记录

对资料上重点、难点、妙处及感兴趣的地方及时做好简要记录，这样可为今后写作提供论证、引证之用。做简要记录时，不得改动原文，也不得断章取义。还要标明书名或论文题目、作者姓名、出版单位、出版时间、版本、页码等。

(2) 编摘要

把原文的基本内容、主题思想、观点、独到之处或其他数据，用自己的话或引用原文的话进行简明扼要的总结。

编写要求如下：摘要是以提供文献内容梗概为目的，不加评论和补充解释，简明、确切地记述文献的重要内容的短文，应包括目的、方法、结果、结论。字数一般在400字以内。

3. 写综合评论

按分类对收集的某一类别所有资料进行归纳、分析后，对他人的观点或方法可能认同，也可能产生一些自己的想法，从而对自己正在研究的专题提出新的方案。这样写成的类似研究报告的文章叫做综合评论。通过写综合评论，可将这一类资料的精髓内化为自己知识体系的一部分。

(二) 专业技术论文的选题与撰写

专业技术论文的选题是要确定专攻方向，明确待解决的主要问题。正确而恰当的选题，对于我们较高效率和较高质量地写好科技论文，具有十分重要的现实意义。正确而恰当地选题，首先要明确选题的原则和技巧，明确了选题原则和技巧，就能比较容易地选定一个既有一定学术价值，又符合自己志趣，适合个人研究能力，因而较有成功把握的题目。

1. 专业技术论文选题的原则

(1) 价值性原则

专业技术论文的选题要从体育场地器材、设备的实际出发，选择那些有价值的，能促进科学技术发展，或在体育场地管理工作中，需要迫切解决的有重大效益的问题。

价值主要指以下两方面。

① 选题的实用价值：所谓实用价值，指我们选的题目要具有现实意义，应是与体育活动密切相关、为千百万人所关心的问题，特别是体育场地建设中亟待解决的问题。现实意义的题目大致有两个来源，一是体育场地工作中急需回答的重大理论和实践问题。二是某一体育场地的工作实践中遇到的理论和现实问题。如新形势下的体育器材、设备中的技术问题，等等。

② 选题的理论价值：我们强调选题的实用价值，并不等于急功近利的实用主义，也绝非提倡选题必须有直接的效益作用。

(2) 可行性原则

专业技术论文的选题一定要避免盲目性。要从个人的主客观实际情况出发，选取真正适宜自己研究的课题。要全面考虑主客观条件，确保选题经过努力能够实现。具体讲，应注意以下3方面的可行性。

① 科学原理上是可行的，绝不能违反自然规律和科学原理：这是科技论文最起码的要求。因此选题应有一定的事实根据和科学的理论依据。在确定课题前，应阅读大量文献，了解有关研究题目的历史和现状，吸取别人的实践经验，掌握新发现的规律。

② 考虑研究者本身的知识水平、科研能力：要充分估计自己的知识储备情况和分析问题的能力，充分考虑自己的特长和兴趣。在选题时，要尽可能选择那些能发挥自己的专长，学有所得、学有所感的题材；同时还要考虑到自己的兴趣和爱好。兴趣深厚，研究的欲望就强烈，内在的动力和写作情绪就高，成功的可能性也就越大。

③ 考虑研究经费、仪器、设备、检测手段等条件上的可行性：首先考虑自己选定的课题有没有足够的资料来源。没有资料或资料不足就写不成论文，即使勉强写出来，也缺乏说服力。了解所选课题的研究动态和研究成果，以避免盲目性和无效劳动。要注意在已有的研究成果中寻找薄弱环节，即他人研究中存在的疑点、漏洞或不足。有疑点、漏洞的问题，不少是重要的学术论题，以此作为研究的突破口，在理论上修正、补充或丰富已有的结论。

(3) 新颖性原则

一篇专业技术论文成功与否、质量高低、价值大小，很大程度上取决于文章是否有新意。所谓新意，即论文中表现自己的新看法、新见解、新观点。一个观点新颖、富于创意的专业技术论文选题，不仅促使研究者积极地投身研究，而且有利于整个专业技术论文界的创新。

2. 专业技术论文选题的注意事项

（1）平时善于观察，勤于积累

好的课题是到处都有的，但是课题不会自动跳到你的头脑中的。如果不勤奋地采撷，也不会得到有价值的课题。一是做有心人，从生活和工作实践中去采集。二是从报纸杂志中去寻找，打开自己的思路。三是从有关会议或者网络获得人们关注和思考的热点、难点等问题。通过思考看看作者的结论与论据是否吻合，所用方法是否得当，书中论述对自己的选题有何启示等。

（2）提出有价值的论点

因为确立一个好的题目，就可能写出一篇好论文。评价一篇专业技术论文，就是看选题，即是否为可论文题，有没有作者的观点和经验。一定要明确论题与论点。因为在实际的研究过程中，同一论题，可以有不同的论点；同一论题，也可以从不同角度、不同侧面选择不同的论述题目。所以应充分掌握专业技术论文选题的各种论点和角度。

（3）严格范围和要求

要确定选题所涉猎的学科领域及其边界。选题所涉猎的学科领域必须明确。是"体育场地的智能化问题"，还是"体育器材的新技术的使用"，或者别的什么？确定专业技术论文选题准备使用的分析方法或手段方法，包括是选择一个宏观问题还是微观问题，是进行案例分析还是文献考察等。

第二节　场地、器材和设备的技术改造与推广

一、场地、器材、设备的新技术、新材料、新工艺应用和推广方法

新技术、新材料、新工艺，从一个不被大众所知的产品到家喻户晓并进入千家万户，需要企业与相关人员的共同努力，要在合适的时机采用合适的办法，要讲究先后次序，要讲究节奏的控制，否则，可能导致新产品的推广失败。这里主要讲述常规的几种方法。

（一）产品展示会

展会规范化操作应该是，坚持以"实物展出、理论研讨、技术交流、贸易洽谈相结合"的方针，坚持展会内容专业化、操作程序规范化，同时举办专业研讨与讲座。举办单位将着力邀请专家、学者、研究开发机构，组织研讨与讲座。展示会为新产品、新技术的推介与交流提供讲台，让生产企业与用户进行面对面的推介与沟通，也为行内厂商进行交流提供机会。

（二）行业展会

与产品展示会相比，行业展会则是面向全行业用户和代理商的一次亮相机会，而且是与竞争对手同台亮相。近年来，随着体育器材设备市场的快速升温，行业展会也如雨后春笋般接连举办。很多体育行业的企业将参展视为亮相的好机会，甚至寻找潜在的合作伙伴。

（三）现场操作竞技比赛

"现场操作竞技比赛"是一个全新的产品推广活动创意，它不仅明显区别于产品展示会或用户座谈会等传统模式，更重要的是，它大大提高了目标用户的参与积极性，强化了产品宣传效果。

所谓"现场操作竞技比赛"，就是在目标用户比较集中的地方，以作业现场为比赛场地、以本企业产品为道具、以操作技能为竞赛项目的一种产品推广活动。

"现场操作竞技比赛"的宣传效果之所以能够得到保证，很重要的原因就是，形式新颖而独特的"现场操作竞技比赛"，既是产品宣传活动，也是有趣的群众文化活动，加上企业和代理商设立了丰富的奖项和奖品，使活动的刺激性得到进一步强化。

二、专业技术讲座的技巧与方法

（一）暗示法

暗示，就是对讲座的环境进行精心的设计，用暗示、联想、练习和音乐等各种综合方式建立起无意识的心理倾向，创造高度的学习动机，激发人们的学习需要和兴趣，充分发挥人们的潜力，在轻松愉快的学习中获得更好的效果。

（二）表解法

表解法是通过制表填空使人们准确、扼要掌握讲座的主要内容和主要思想的一种方法。表解法让人们紧扣图表，重点十分突出，范围高度集中，有效地突出了重点、难点。表解法的最大特点是提纲挈领，有利于人们从整体上和整体与局部的联系上认识事物，发展思维能力。

（三）发现法

指不限于寻求人类尚未知晓的事物，而应指人们用自己的头脑亲自获得知识的一切方法。从专业技术讲座的角度看，如果讲座人只作引导，让人们自己主动地去学习，去概括出原理或法则，他们就会因自己的发现而去学习，去概括出原理或法则，他们就会因自己发现所感到愉快和成就欲的满足而使学习具有强大的动力，所得知识也会深刻而不易遗忘，并能广泛应用于实际，有助于智力的发展。

（四）事例法

事例法主要是对某一个专业技术问题进行故事式的讲解。如自己在使用体育器材、设备中发生的故事，别人在使用过程中的事例，以及国内外对某一个技术问题的典型范例。通过对这些事例的引用，结合当前的技术问题进行讲解，既通俗易懂，而且能使听众轻松地接受，并牢固地记住。

（五）启发法

它是一种引导积极思考，发散思维的方法。其基本精神是要充分激发听众的内在动机，调动听众的主动性、积极性，促进听众的积极思维，提倡自己动脑、动口、动手去获取知识，是以辩证唯物论的方法论为其理论基础的，是唯物辩证法的具体运用。启与发的辩证关系是互为因果的关系，启是发的前提和条件，发是启的发展和结果。要使听众启而即发，就要讲座人启而得法。

（六）迁移法

根据心理学的研究，先前的学习会对当前的学习产生影响，或者当前的学习会对先前的学习产生影响。这种现象就是迁移。这里所说的"影响"有两种，一种是能起积极促进作用的，这叫正迁移；一种是会有消极干扰作用的，这叫负迁移。我们要努力实现正迁移,而要防止负迁移。古人说的举一反三、触类旁通就是指学习中的这种正迁移现象。迁移的原理是客观事物之间普遍存在的联系,以及客观事物之间的互相制约性。所以,迁移的方法就是通过类比推理,沟通新旧事物之间的联系,通过比较、分析、综合,然后对事物进行抽象、概括。

(七)情境激励法

它主要从专业的特点与听众的心理特征出发,根据新授知识的需要,精心创设情境,开展智力激励,以激发听众探讨知识的热情。运用这种方法应遵循3条原则:(1)以问题意识观察具体事物;(2)在观察中逐步提出设想,并使之成为指示听众探索研究的方面;(3)不断将设想与具体事物对照修正,经过分析、综合的思考,形成符合客观事物的概念。

(八)直观法

利用和借助实物、图片、模型、标本、动作、语言和电化教学设备等进行具体形象的方法叫直观教学法。它符合形象思维占优势的学习特点,有利于建立清晰、明确的概念。当前,我们要充分利用现代化的设备,让形象由静变动,调动听众的学习兴趣,加深理解和记忆,增强直观效果。

【名词解释】

1. 技术研究:对现有的或拟议的工作(如场地维护、器材制造、设备装配与操作等)方法进行系统的记录和严格的考查,作为开发和应用更容易、更有效的工作方法以及降低成本的一种手段。

2. 技术改造:是指为改善器材、设备的性能或延长其使用寿命,经过设计、计算、试验,改造原有的零部件或结构的过程。

【思考题】

1. 专业技术论文的选题与撰写应注意的问题有哪些?
2. 如何鉴定场地、器材、设备技术?
3. 专业技术讲座有哪些技巧与方法?

参 考 阅 读

[1] 体育场所服务标准和有关法律法规汇编[M]. 北京：中国标准出版社，2005.

[2] 宁荣，等. 最新体育设施建设与场馆运营技术要求、等级划分评定标准应用手册 [M]. 银川：宁夏大地音像出版社，2005.

[3] 郑国龙. 体育赛事后勤工作方法技巧与优质服务规程及标准化管理事务全书 [M]. 长春：吉林音像出版社，2006.

[4] 钱玉明. 建筑工程预算培训教材 [M]. 北京：中国计划出版社，2000.

[5] 练碧贞，唐文惠，黄坚毅编. 体育场地简易测画法 [M]. 北京：人民体育出版社，2000.

[6] 张宗尧，李志民主编. 中小学建筑设计 [M]. 北京：中国建筑工业出版社，2000.

[7] 中国田径协会译审. 田径场地设施标准手册 [M]. 北京：人民体育出版社，2002.

[8] 江苏省体育局. 中华人民共和国第十届运动会竞赛手册 [M]. 北京：人民体育出版社，2006.

[9] 应去非. 机电设备安全操作规程 [M]. 北京：机械工业出版社，2006.

[10] 苏钧编著. 小企业员工招聘、绩效考核与薪酬管理 [M]. 北京：中国致公出版社，2007.

[11] 乌美娜主编. 教学设计 [M]. 北京：高等教育出版社，1994.

[12] 张明主编. 技术改造项目评估方法与可行性研究报告编制实用手册 [M]. 合肥：安徽音像出版社，2004.

[13] 李炳华，王玉卿主编. 现代体育场馆照明指南 [M]. 北京：中国电力出版社，2004.

[14] 高竞. 怎样阅读建筑工程图 [M]. 北京：中国建筑工业出版社.

[15] 赵艳萍，姚冠新，陈骏. 设备管理与维修 [M]. 北京：化学工业出版社，2004.

[16] 林允明. 设备管理 [M]. 北京：机械工业出版社，2005.

[17] 南兆旭. 设施与设备管理 [M]. 北京：中国标准出版社，2005.

[18] 李明利主编. 体育场馆运营模式与管理实务手册 [M]. 石家庄：河北音像出版社，2004.

郑 重 声 明

高等教育出版社依法对本书享有专有出版权。任何未经许可的复制、销售行为均违反《中华人民共和国著作权法》，其行为人将承担相应的民事责任和行政责任，构成犯罪的，将被依法追究刑事责任。为了维护市场秩序，保护读者的合法权益，避免读者误用盗版书造成不良后果，我社将配合行政执法部门和司法机关对违法犯罪的单位和个人给予严厉打击。社会各界人士如发现上述侵权行为，希望及时举报，本社将奖励举报有功人员。

反盗版举报电话： （010）58581897/58581896/58581879

传　　真： （010）82086060

E‑mail： dd@hep.com.cn

通信地址： 北京市西城区德外大街4号
　　　　　　高等教育出版社打击盗版办公室

邮　　编： 100120

购书请拨打电话： （010）58582135　58582141